目次

凡　例

一、本書は Jean Richard, *L'esprit de la croisade*, Paris, 1957 の邦訳である。二〇〇〇年に第二版が出版されているが、巻末の文献目録における新旧文献の部分的な入れ替えを除けば、両版の間に相違点はまったく存在しない。新しい文献に関しては別の形で対応するとして、ここでは初版を底本とした。なお、本訳書は『産業経済研究』30の1～4（1989–1990年）で発表したものを加筆修正したものである。

一、引用記号の順序は大きい方から「　」、〈　〉とした。イタリックで書かれるか、《　》が付された語句は「　」によって区別した上、ルビで原語を表記した。

一、人名および地名の表記は、原則として、ヨーロッパで定着している発音に従った。ただし、ヨーロッパ以外の地名に関しては、初出時に〔　〕を用いて、現地読みも付記した。また、ローマ教皇に関してはラテン語読みを採用した。

一、皇帝、国王、教皇の在位期間、重要と思われる事件の発生年を本文での初出時に〔　〕で示した。また、皇帝、国王、教皇の名称が省略されている場合は、それを補った。

一、原注はアラビア数字を用いて行間に示し、本書末尾に一括して掲げた。

一、巻末に付した索引は訳者が作成したもので、最重要と思われるもののみを挙げている。

日本の読者へ

この『十字軍の精神』の目的はルネ・グルッセがかつて「十字軍の叙事詩」と呼んだものを跡づけることでも、十字軍思想の成立や一〇九五年から一二九一年にかけてオリエントへ向けて陸と海から中世の人々を数万単位で送り出した運動についての分析を再び試みることでもありませんし、ましてや十字軍士によってシリアの地に建設された王国などについて物語ることでもありません。私がこの本に求めたことはこの運動に参加し、これらの王国に定住した人々の参加動機と感情、十字軍の結成に際して表出した心思にみられる顕著な特徴を、有益と判断した史料でもって解明することです。

まず最初に、十字軍士は一〇九五年一一月に開かれたクレルモン公会議で教皇ウルバヌス二世が発した十字軍への呼びかけについて十分に理解していたのでしょうか。この呼びかけは何よりも、彼らが持つ力を彼らの兄弟たちで、侵略者トルコ人の暴力に晒されていたオリエントのキリスト教徒たちの救出に捧げるために、西ヨーロッパの戦士たちに彼らの争いを止めさせることを狙ったものでした。したがって、これは西ヨーロッパ諸国が苦しめられていた暴力に終止符を打とうとする平和運動のアジア諸地域への拡張ともとれます。このキリスト教徒間の兄弟愛の呼びかけは、それ故、大きな反響を呼びました。しかし時の経過とともに、十字軍士が救援の手をより多く差し伸べるようになったのはオリエントに住むラテン人、西ヨーロッパからの巡礼者またはそれらの戦闘仲間たちとなり、東方人への関心は宣教の形をとるようになりました。

現在、イスラームとイスラーム教徒に対する憎悪の感情を掻きたたせるために、それらを最悪の色合いのもとに、つまり悪魔の手先として描き出そうとする宣伝の試みが大いに強調されています。しかし、仮に敵が嫌悪を呼び起こすようなタッチで描写されているとしても、十字軍士たちは彼らの敵にむりやり改宗を押しつけようとはしなかったし、イスラームを敵としてうち負かしたのでもありません。彼らはサラセン人に対してある程度の寛容を実践していたのみならず、尊敬の念さえも持っていたのです。

それまで異教徒の支配下に置かれていた聖墳墓の解放は、一〇九五年において、ローマ教皇の目にはオリエントのキリスト教徒への救援と同じように緊急と映ったのでしょうか。どうもそうだったようです。しかし、キリストの墓を解放しなければとの義務感は「キリストの御代」を永続させること、そして特に何世紀もまえから巡礼者たちが訪れていた聖墳墓とその他の聖所を参詣することを願っていた十字軍士の心に否応なしに取りついていたことは確かでしょう。ところで十字軍は、ローマ教皇がこの参詣に付されていた贖宥を十字軍参加者に与えて以来、巡礼と混同されるようになりました。そして、これまで加えられてきた瀆聖から守らなければならないのは聖墳墓だけではなくて、聖地全域〔パレスティナ〕であるとの考えがあっという間に作り上げられていったのです。しかし、この聖地全域は「キリストの遺産」とぴったりと重なってはいなかったでしょうし、巡礼者たちが求めていたキリストの思い出とそのどこででも出会えたりもしなかったのではないでしょうか。

こうして、十字軍士は苦行を集団的に表現しようとするいろいろな形式を含んだ一つの規律に従う巡礼者に同化していきました。それは、ローマ教皇によって約束されていた免罪が、キリスト教徒が自分たちの罪のために受けていた罰の赦免であったからです。そしてキリスト教徒は誰でも、罪人であることを自覚しています。彼らにとって、十字軍は彼らが受けることになる罰から免れるための、そして自分の無罪を回復するための思いがけないチャンスであったのです。

しかし、これらの改悛者たちは同時に戦士でもあり、また封建関係のなかに取り込まれた騎士でもあります。彼らの名誉は彼らが勇気を証明すること、そして特にすべての封臣が封主に約束していた忠誠義務に忠実であることを求めます。ところでこの封主とは、ここではもちろん、キリストのことでありますが……。

騎士道物語のなかに現れる冒険心は、十字軍士を出発させるのにどの程度貢献したのでしょうか。多くの歴史家はオリエントの財宝の魅惑を喚起して、それに重要な役割を付してきました。確かに、多くの十字軍士は土地や領地を獲得しました。土地を持たなかった農民たちも新開村に居を構えました。しかし、これらの獲得物はつかの間の成功にある義務を結びつけました。それは、海の彼方で神に仕え、聖地の防衛に加わり、これらの聖地を敬うという義務です。しかも、多くの危険をおかしながら。

なぜなら、十字軍は危険に満ちていました。海、嵐、疫病、食糧難、疲労、ありとあらゆる悲劇がそこにありました。いつ戦死したり捕虜になったりするかも知れません。そして旅行、装備は非常に費用のかかるものでした。十字軍士は多くの物的犠牲を強いられることになっていたのです。

同じく、最愛の者たちとの別離も考慮に入れなければなりません。ジョワンヴィルは羞恥の念を隠すことなく、そのことについて語っています。そして夫や息子や婚約者を見送った女性たちが経験したであろう運命についても考えなければなりません。彼女たちは彼らがあらゆる危険に遭遇することを知っていたし、彼らは戻ってこないかもしれませんでした。彼女たちはひとり残され、細っていく財産で子供たちを育て領地を守っていかねばならなかったのです。最近のある研究は、彼女たちが参加しなかったこの十字軍における彼女たちの役割の重要さを強調しています。

それ故、十字軍は、たとえそれが興奮の瞬間を含んでいるとしても、一つの試練なのです。それは十字軍士を巡礼者として、霊的な道行きの終点まで誘ったのです。すなわち、それは参加者に神に仕えるためにすべてのものを放棄することを決意させた改心なのです。聖ベルナールとともに、十字軍をその最高の状態で生きることになる者は神殿《タンプル》騎士団の騎士、つまり兄弟たちの守護と聖地の防衛のために身を捧ぐべく脱俗した者となるとでも言えるでしょうか。

こうして、キリスト教ヨーロッパと同時に中近東を二世紀もの間巻き込んだこの大規模な運動が途方もなく錯綜していたことに気づかされます。本書が甦らせようとしたのがこの錯綜の事実です。そして本書を日本の読者のために翻訳することによって、宮松教授はもう一つの戦士社会、つまり中世の日本社会の理想とそうかけ離れてはいない理想に囚われたこの戦士の世界の実像を皆さんに提示するチャンスを私に与えてくれたのです。

二〇〇二年一〇月三〇日

ジャン・リシャール

第一部　叙述

第一章　十字軍の歴史

十字軍とは何か

十字軍という言葉は、私たちの世代よりもそれに先行する諸世代にとって、より馴染み深いものであったことは確かである。事実十数年前から、キリスト教の精神のなかで、不寛容または寛大さの欠如、征服欲または権力志向に満ちたものとみられたこの言葉に、ある軽蔑的な意味合いが頻繁に付いてまわるようになった。キリスト教徒が大苦戦のすえに奪いとったオスマン帝国艦隊の提督《カプダン・パシャ》旗をローマ教皇庁がトルコ共和国に返還したとき、スペインの君主であったオーストリア王家のドン・ジュアンに率いられてレパントの海戦〔一五七一年〕に参加した十字軍士たちが回顧しながらみせた、彼らの行為の衷心からの否定の話を、今日なら大日刊紙の記者に相当した、聖職にあった年代記作家の筆を介して私たちは覚えている。

　ところで、このような十字軍非難は私たちの同時代人または少なくともその多くが、十字軍がいかなるものであったかを知らないために起きている。すなわち十字軍とは、本当はキリスト教全体の一つの制度であったこと、言い換えるならば、当時のキリスト教世界の要求に応えるため、ローマ教皇庁の意図によって生み出され、いくつかの世界公会議によって推薦された制度であったことを。また十字軍は無数のキリスト教徒にとって、安易な方法によらず、苦しみと死の試練のなかで信仰を証明する機会であったことを。

したがって、これから私たちが取り組むこの十字軍の精神を理解するためには、十字軍をキリスト教会全体が応えなければならなかった当時の世界の状況のなかに置きなおし、諸々の出来事の絡みのなかで十字軍制度の変遷を跡づけることが不可欠となる。

十字軍概念の由来

歴史家たちは、十字軍概念の起源と推移を追究することに力を注いできた。それには、中世初期の教父や神学者が侵略者に対する祖国の防衛を唯一の目的とする「正戦」の観念を導き出すにいたったことを想起するだけで十分であろう。キリスト教会世界と祖国の同化は、イスラーム教徒による侵略がアラブの征服によってキリスト教が蒙る危険を意識させた。すなわち、ローマ教皇レオ四世〔八四七―五五年〕とヨハネス十世〔九一四―一二八年〕が異教徒に対する戦いが敬虔な行為であること、したがって戦いのなかで倒れる者は永遠の報酬を拒まれないということを表明しなければならなくなったときである。一〇六三年教皇アレクサンデル三世〔一〇六一―七三年〕も、そのころイスラーム教徒の一派、ムラービトの侵略の脅威に晒されていたスペイン人の救援に出発する騎士たちの要請に応えて、この声明を繰り返している。

しかし、十字軍を本当に創出しようとしていたのは別の侵略であった。一〇七四年から教皇グレゴリウス七世〔一〇七三―八五年〕はトルコ人がビザンツ帝国とシリアを侵略し、そこで深刻な荒廃を作り出していたこと、そしてビザンツ軍がマンジケール〔マラーズギルド〕の戦い（一〇七一年）で事実上壊滅したことを知っていた。キリスト教徒は虐殺されるか奴隷に貶められ、諸聖所は破壊されるか汚された。これがビザンツやアルメニアの使者たちがローマ教皇庁で伝えた東方教会の悲惨な状況であった。そしてその時、教皇グレゴリウス七世は東方のキリスト教徒を救済するための遠征を組織する意図を表明していた。彼は自らこの遠征をキリストの墓まで率いていくつもりであった。

その二〇年後、彼の後継者である教皇ウルバヌス二世〔一〇八八―九九年〕はこの計画をそのまま継承した。同教皇がクレルモン公会議で行った演説の真正のテクストは今日伝来していない。しかし、次の二点は確かである。第一点は、教皇ウルバヌス二世がトルコ人の侵略の犠牲になっていた東方キリスト教徒の不幸を喚起し、西方キリスト教徒に彼らの援護に赴くことを奨励したこと、第二点は、同教皇が解放されなければならないキリストの墓に言及したこと。しかし、この参加者が完全贖宥を享受できること、すなわち遠征の参加は聴罪司祭が罪を告白した者に科した贖罪のための苦行に代わりうることを最初に明確にしたのは、彼であったと思われる。

巡礼から十字軍へ

聴衆の心のなかでは常に、十字軍に付帯された贖宥は聖墓へ赴く巡礼者が獲得しえた贖罪と同一視された。すなわち、「十字軍誓願」と諸聖墓への巡礼に出発する誓願とは同一とみなされた。そのため一部の十字軍士は遠征の途次にローマを通り、諸使徒の墓に詣でることで誓願を成就したと判断し、祖国へ帰っていった。もちろん、残りの十字軍士は東方への道を進んだが、彼らは自分たちの企てのすべてを巡礼誓願の成就に従属させた。第一回十字軍はその途中で遭遇したトルコ軍を撃破した（そして、このトルコ軍の撃破はビザンツ帝国に最大の利益をもたらし、これによってビザンツ帝国はいくつかの属州と都市を回復することができたのである）。同十字軍はできるだけ早くエルサレムに到着しようとしたが、それには三年を要した。しかし最終的には聖都が十字軍士の手に落ち、教皇ウルバヌス二世が十字軍士に表明した二つの目的のうちの一つが達成された。もう一つの課題である東方キリスト教徒の解放、すなわちトルコ人を撃退するためにビザンツ皇帝に差し向けられた支援は非常に部分的にしか達成されなかった。

このようにして一〇九九年以降（さらに正確を期すならば、ラテン人によるアンティオキア〔アンタキア〕占領をめぐって、その権利を主張するギリシア人とラテン人との間に生じた友好関係の冷却後）、十字軍はその目的を一部変更する。一二世紀、諸教皇は西ヨーロッパのキリスト教徒に対して、東方に住む彼らの兄弟の救援に赴くことを奨励しつづけた。しかし以後、東方のキリスト教会を構成するのは聖地（エルサレム王国、アンティオキア公国、エデッサとトリポリの両伯領）に定住するラテン人となる。一一二〇年ごろ（年代を特定できないのは史料が伝来しておらず、教皇カリストゥス二世〔一一一九—一一二四年〕がスペインのキリスト教徒の援護に赴いた人々に同様の特権を付与していることから類推したためである）エルサレムのラテン人が救援を要請し、同教皇が「東方教会の防衛者たちに」贖宥を付与したように思われる。一一四五年、エデッサ陥落を知った教皇エウゲニウス三世〔一一四五—五三年〕は新しい十字軍への呼びかけを発し、教皇ウルバヌス二世によって創出された形式を踏襲した。ここで問題になっているのは、東方に建設されたラテン人国家のみで、（慎重に中立の立場を堅持していた）ビザンツ帝国ではもはやない。

そして聖墓への訪問によって誓願を成就しようとの願望が、「十字軍士」の間で依然として支配的であった。フランス王ルイ七世〔一一三七―八〇年〕が第二回十字軍でそのことを証明している。この遠征軍が出発しようとした矢先、エデッサ陥落が起きた。この事件はアレッポからモスール〔ムスル〕にかけて延びる強大なイスラーム国家の成立によって、北シリアに築かれたラテン人国家が蒙るであろう危険の紛れもないしるしであった。このフランス王はアンティオキア公の懇願に耳をかさず、いち早くエルサレムに到着した。そして彼の軍隊と彼に同行したドイツ皇帝コンラート三世〔一一三七―八〇年〕の軍隊は第一回十字軍と同様、非戦闘員、すなわち諸聖地訪問のために遠征に加わった巡礼者で膨れあがっていた。歩兵を欠いていた遠征軍に歩兵を供給しただろうに、教皇はこれら巡礼者に歩兵に適した武器を携行する義務を強制しなかったと、歴史家ウード・ド・ドイユは不満を吐いている。

東方のキリスト教徒に向けられた援助を巡礼の成就に従属させるこの信者の心思を意識して、一一六九年教皇アレクサンデル三世〔一一五九―八一年〕はこの敬虔な課題に結びついたすべての霊的特権を享受するため、聖地のラテン人に奉仕する義務を明確に規定しようとした。しかし、彼はエルサレム巡礼に付帯された罪の赦免に再検討を加えることができず、したがって、彼の発案はほとんど成功しなかったようである。ともかく、一一七二年ザクセン公ハインリヒ獅子公がエルサレムへ出発したとき、千二百名からなる軍隊であったにもかかわらず、その遠征は完全に平和的なものであった。すなわち剣を交えたのは、セルビーの森を横切る途中で盗賊の襲撃を受けたときの一度だけであった。そして同公は諸聖所をゆっくりと見てまわって帰還したのであるが、その間いかなる戦闘にも加わらなかったし、トルコのスルターンも彼を友人、さらには親戚として遇し、彼のために盛大な歓迎式典を催し、山のような贈り物を彼に与えた。同公は身に着けていた苦行用の肌着をエルサレムで脱いだ。そして、誓願成就のしるしとして棕櫚の枝を持ちかえったのである。したがって、彼は教皇アレクサンデル三世の性急な催促のことなど完全に忘れていたようである。

諸聖所の解放

十字軍誓願に新しい意味を付加するためには、一一八七年の破局が必要であった。ハッチン高原で包囲されたあと、エルサレム王の軍隊は捕虜となり完全に壊滅した。エジプト・シリア軍司令官サラディンはエルサレムを奪取し、そこに住むラテン人をすべての都市から追放した。サラディンは彼が奪取したすべての町や村に対しても同じことを断行した。一一八八年ラテン人は封鎖され、降伏の瀬戸際に立たされていた若干の城郭都市、ティル〔スール〕の強固な城砦、トリポリ伯領とアレッポ公領の一部しかもはや残されていなかった。

状況は、一〇九五年とほとんど変わらないまでに戻ってしまった。東方には、依然として、援助しなければならないキリスト教徒がいた。あちこちの狭い領域のなかでどうにか持ちこたえるラテン人、奴隷にされてイスラーム世界の作業場やハレムへ散っていった無数のラテン人捕虜。ラテン王国の守護者であった「真の十字架」はハッチンの戦いで奪いとられ、ダマスカスへと運び去られた。諸聖所は再び異教徒の手に落ちた。異教徒は主の神殿を彼らの信仰のために使用し、一時的ではあったが、ラテン人に聖墓に近づくことを禁止した。

したがって、教皇グレゴリウス八世〔一一八七年〕、ケレスティヌス三世〔一一九一―九八年〕、インノケンティウス三世〔一一九八―一二一六年〕の勅書のなかにも、教皇ウルバヌス二世の演説と同様の語調が見いだされる。唯一の例外は、異教徒の汚れから解放されて、一世紀近く聖地の諸聖所に自由に近づくことができていただけに、一二世紀末のキリスト教徒は聖地の損失にこの上なく敏感になっていたことである。数多くの人々が聖地に向けて出発し、十字軍も次々と組織された。一一八八年から第三回十字軍が開始される。一一九七年に皇帝ハインリヒ六世〔一一九〇―九七年〕は遠征軍を出発させた。一二〇二年に第四回十字軍が始動する。しかし、どの十字軍も聖地の解放に成功しなかった。最大の成果は第三回十字軍が防衛戦に見事な勝利を収め、サラディンに対してラテン人を完全に海中に沈めてしまおうとする計画を断念させ、アンティオキア、トリポリと同様、旧エルサレム王国の二大港湾都市、ティルとアッコン〔アッコ〕におけるラテン人の居住を承認させたことである。

しかしこの破局から、十字軍の贖宥は聖墓への巡礼者が獲得していた贖宥と同一ではなくなる。一二二九年も一一九二年と同様、大勢の十字軍士たちは十字軍を停止させていた休戦を利用して、諸聖所を参詣していた。しかし諸教皇は、エルサレムが異教徒の手中にある間、聖都に入り聖墓を訪問することを禁止する。つまり、それは諸聖所の奪還が十字軍の目的そのもので、十字軍は巡礼と同一ではないことを意味した。

武器、それとも平和的手段

平和的手段は、一方において、戦略的現実を強く意識させる。一一九二年以降リチャード獅子心王

〔一一八九―九九年〕は、戦争は聖地でなくてエジプトで勝利すべきだと悟った。第四回十字軍の参加者も同様に考えた。しかし遠征があまりにも軽率に準備されすぎたため、それは当初予想されていたものから大きく外れてしまった。その理由は明白である。十字軍の船舶・食糧に支払われる資金が足りなかったため、十字軍はダルマティアの都市ザラ〔ザダル〕、つづいてコンスタンティノープルを攻撃し、そして最後にはビザンツ帝国をも支配するにいたったのである。しかし、一二一七年第五回十字軍が出発したとき、多くの者は目的地としてエジプトを指定した。一二一八年のダミエッタ〔ディムヤート〕上陸は勝利を確信させる戦いの前奏であった。なぜなら、カイロが気がかりなスルターンは再乗船の交換条件にエルサレム王国の復興を提案したのである。しかし、この提案は東方キリスト教諸君主の支援を過信し、聖地を再征服すると同時に、エジプトをも完全に征服できると考えていた教皇特使ペラギウスの幻想によってすべて実現を阻止された。

皇帝フリードリヒ二世〔一二一五―五〇年〕が当時苦境に立たされていたカイロのスルターンに圧力を加えるのではなく、同盟の申し出による外交手段を通じてエルサレムの返還を達成したことは周知のことである。ヤッファ〔ヤッフォ〕条約〔一二二九年〕は教皇および教皇特使の憤激をかった。しかしここで断っておかなければならないのは、彼ら二人を憤激させた原因は十字軍の平和的解決策にあったわけではないということである。なぜなら、一一九一年すでに聖地の合意的返還を目的とする交渉が始められており、一二一三年には教皇インノケンティウス三世が、いささかの自惚れも抱くことなく、同様のことをスルターンに要求しているので。しかし一二二九年の条約は神殿騎士団《タンプル》の建物〔「オマルのモスク」〕をイスラームの信仰に残したままであったため、エルサレムに戻ってきたが、一つの回廊による海岸の連絡路しか持たなかったラテン人に対していかなる保護も保証しておらず、それに諸聖所の保有を王族の他の成員によって王位継承に異議が唱えられていたイスラーム君主の善意に頼っていたのである。皇帝フリードリヒ二世がもっとよい成果を収められたであろうと判断したグレゴリウス九世〔一二二七—四一年〕は、数年後、「聖地」と同一視されていた旧エルサレム王国の完全回復を実現するため、新たに十字軍（「貴族《バロン》の十字軍」）を組織した。そして一連の軍事行動と交渉の結果、一二四一年にこの回復は確認され、一二四三年に新しい交渉を経てそれはほぼ完全なものとなった。

この成功はつかの間の出来事であったに違いない。一二四四年からエジプトのスルターンに仕えていたクワーリズミーヤ族がエルサレムを奪取し掠奪したのである。再び十字軍が組織されなければならなかった。一二四八年に第七回十字軍を東方へ率いていったのが聖ルイ王〔一二二六—七〇年〕である。彼は一二一七—一八年の計画、すなわちスルターンにパレスティナの掌握を放棄させることになるエジプトとの戦争を再び持ち出した。一二一八—二一年と同様、華々しく始まった戦闘は惨敗に終わり、そしてフランス王は四年近くもの間、取るに足らない目的、すなわち麾下兵士の解放と聖地の最後に残された城砦の防衛強化で満足した。しかし一二六三年から、マムルーク朝スルターンはラテン人が占領していた地域の征服を開始する。第八回十字軍はラテン人の救援に赴き、彼らの最後の城砦の陥落を阻止するために諸君主が企てた一連の遠征の形式をとった。たとえ聖ルイ王が、今も歴史家がその本当の目的を議論しあっている戦闘の最中にテュニスで没していたとしても、他の者たちはアッコンの城壁下で交戦し、最後にはスルターンに和平を受諾させたのである。

トルコの伸張

この和平が成立した年（一二七二年）に十字軍の歴史の終焉を置くことは正しくないであろう。常に願望された再征服のための十字軍発進の根拠となっていたに違いない聖地の諸都市のために獲得された休息は、ペルシアのモンゴル人とビザンツ人、それにやっと和解した西ヨーロッパのすべての君主が参加することになっていた巨大遠征軍を組織することに没頭していた教皇グレゴリウス十世〔一二七一―七六年〕に時間を与えた。第五回十字軍の準備のために教皇インノケンティウス三世が招集した一二一五年の第四回ラテラノ公会議以上に、一二七四年の第二回リヨン公会議は十字軍公会議の様相を呈した。この会議で東西教会の統合が批准される。一人のモンゴルからの使者がそこで洗礼を受ける。計画された共同事業にとっての様々な好材料。そして、その実行がすぐに開始される。しかし、西ヨーロッパが抱える様々な政治問題、ビザンツとの新しい確執、ペルシアの内訌がその実施を遅らせた。アッコンの城砦が一二九一年――アンティオキア陥落の二八年後、トリポリ陥落の三年後――に陥落したとき、せいぜい言えることは、一部の十字軍士が同城砦の最後の防衛者とともに戦っているのがみられたにすぎないということで、これはラテン人の手に残されていた最後の都市からの彼らの撤退へとつながっていく。

しかし、ラテン諸国家間の弔鐘は、いつも十字軍のことを考えていた人々には鳴り響かなかった。以後問題になるのは、もはや東方のラテン人の救援ではなく、聖地の再征服と諸聖所の解放である。一時的ではあるが、一二九九年シリアに侵入したモンゴル人はすぐに撃退され、その希望はたちまち消え去った。それでも十字軍の計画案は以前にもまして多く、そしてそれらは細部にわたって練り上げられたものであった。教皇ボニファティウス八世〔一二九四—一三〇三年〕、クレメンス五世〔一三〇五—一四年〕、ヨハネス二十二世〔一三一六—三四年〕は非常に多くの計画案を受理した。諸君主も同様であった。イングランド王エドワード一世〔一二三九—一三〇七年〕、フランスにおけるカペー朝末期の諸王とヴァロア朝初期の諸王はそれぞれエジプトを攻撃したりトルコを経由したりして、諸聖所を解放するために出発する「総徒行」の先頭に立って十字架をとるつもりであった。そして一四世紀には、十字軍が出発の寸前までできたことが一度ならずあったようである。一五世紀になっても、諸君主は諸聖地の解放に赴くことを考えていた。例えば、ブルゴーニュ公フィリップ善良公は東方にスパイを派遣し、相当量の情報を収集した。しかし君主たちは「聖地エルサレムの回復」に出発する意思を表明したが、実際には誰も出発しなかった。一三六五年にアレクサンドリアを占領したキプロス王ピエール一世の成功さえも、諸君主に出発を決意されるにはいたらなかった。

「神聖な同盟」

それにもかかわらず、一四、一五世紀も十字軍を知っていた。しかし今度の遠征は、諸聖所の解放のために組織されたのではもはやない。教皇ウルバヌス二世の計画のなかの第一の要素が再登場する。すなわち、これらの十字軍は異教徒によって危険に晒された兄弟たちを救援することを目的とした。一一世紀に西ヨーロッパを震撼させたトルコの伸張が、一四世紀になって形を変えて再登場した。それは「聖戦」の名のもとに偽装された海賊行為に従事するエーゲ海、カラマニー湾、黒海の沿岸地方に小領邦を建設したトゥルクマーン族の信仰戦士団《ガージー》である。一三三三年から教皇ヨハネス二十二世は、沿岸諸勢力（ヴェネツィア、ロードス、ビザンツ、キプロス）によって組織された「神聖連合」に参加協力する人々に十字軍贖宥を付与した。一三四三―四六年エーゲ海十字軍はスミルナ〔イズミル〕にラテン人駐屯兵を配置し、トゥルクマーン族のエミールに航行とキリスト教徒領地の保全を約束させた。

しかし別のトルコ人国家、オスマン帝国がコンスタンティノープルの対岸に出現した。そして一四世紀中葉からビザンツ諸皇帝はオスマン朝の進出に抵抗できないと感じ、西ヨーロッパに援助を求めた。一三六六年「緑の伯爵」と呼ばれたサヴォワのアメデス六世は十字軍贖宥に与りたくてビザンツ人の救援に赴き、一時ガリポリを奪還する。二、三年後ローマとアヴィニョンの両教皇はハンガリー王とビザンツ皇帝に唆されて十字軍を出発させるが、その十字軍はニコポリで虐殺される（一三九六年）。一三九九年、ビザンツ皇帝マニュエル二世と教皇ボニファティウス九世〔一三八七―一四〇四年〕の呼びかけに応えたのが、マルマラ海で戦闘を繰り広げるブシコーの厩舎長ジャンのガレー船団である。一四四四年ビザンツ皇帝およびハンガリーの封建的従属領邦の救援に赴いたもう一つの十字軍は、ヴァルナでの惨状を体験する。コンスタンティノープル陥落（一四五三年）後、ローマ教皇庁は再び十字軍を勧説した。そして教皇ピウス二世〔一四五八―六四年〕は十字軍士を招集しようとしたやさきに、アンコナで没する。

トルコ人との戦いは、以後、西ヨーロッパ・キリスト教世界の辺境に限定されるが、それでも諸教皇は、侵略者に対する共同戦線を組織するため、キリスト教諸君主の連合に努力しつづける。それが多くの「神聖な同盟」の目的で、なかでも有名なのが一五七一―七二年の「神聖な同盟」で、レパントの海戦によって海上におけるトルコの勢力拡大を阻止することに成功した。しかし、一七世紀にも十字軍贖宥がジジェッリ、イラクリオン、ザンクト・ゴットハルト〔サン・ゴタール〕、ウィーンの遠征に際し、「神聖な同盟」の旗印のもとで戦うことになる人々にも付与されている。

諸聖所はもはや問題にならない。以後、十字軍はトルコの危機に対してキリスト教世界を防衛するための遠征となる。しかし、十字軍贖宥は存続したままである。

キリスト教世界の防衛

東方が舞台ではなかったが、贖宥の付与にあずかった残りの企ても強調しておかなければならないであろう。それに関しては、スペインで展開されたイスラーム教徒との戦争について述べるだけで十分であろう。教皇ウルバヌス二世は、スペイン人は自らイスラーム教徒の戦士と戦って教会を防衛していたことから、十字軍に参加する必要はないと判断した。そして同教皇は、彼らに十字軍士に対すると同様の恩典を付与した。この慣行は継承され、そして「十字軍勅書《ラ・ブラ・デ・クルサーダ》」が二〇世紀にいたるまで、イスラーム世界との境界に位置しつづけたイベリア半島のキリスト教徒にほとんど間断なく発給されつづけたのである。

もう一つの境界に位置するエルベ川沿岸でも、キリスト教徒が異教徒と対峙していた。第二回十字軍は東方およびスペインのイスラーム教徒に対してと同時に、エルベ川流域のスラブ民族に対しても勧説された。それにつづいて、プロイセン、リトアニア、リヴォニアのバルト海沿岸地域に定住したキリスト教徒をまだ異教徒であったバルト族やフィン族の攻撃から守るため、諸教皇の奨励のもとに遠征が次々と繰り出していった。しかし、教皇インノケンティウス三世はこれらの遠征の参加者がエルサレム巡礼者にではなく、コンポステーラ巡礼者に付与されていた霊的恩典しか享受できないことを明確化する用心深さをみせた。それは、この方面からの領土拡大の野望が十字軍というマントのしたに隠されていたのみならず、十字軍がドイツ人とスウェーデン人の渇望の的になっていたからである。

十字軍はキリスト教世界の内部でも勧説されている。それは「正戦」と十字軍との加速的な混同の結果である。一一世紀から、教皇レオ九世は南イタリアを征服したノルマン人と盗賊とを同一視し、これら無法者と戦って倒れた人々に対して彼らの罪の赦免を保証した。一一〇八年十字軍士を裏切ったとして非難されたビザンツ人は、南イタリアを支配するノルマン人、ボエモンの攻撃を受ける。そしてこのボエモンは、彼を支援した人々への贖宥の付与を教皇パスカリス二世〔一〇九九―一一一八年〕から勝ちとることに成功した。そして一二三八年、教皇グレゴリウス九世は同じ恩典をビザンツ人に圧迫されていたコンスタンティノープルのラテン帝国を援助した人々に付与した。一二六一年コンスタンティノープルがラテン人の手から奪いとられたあと、十字軍遠征の意欲が少しではあるが現れた。しかし、いかなる遠征軍も出発しなかった。

異端者がキリスト教に帰依している人々の上にもたらしていた脅威は、アルビジュワ派やフス派に対する十字軍が企てられた理由を説明してくれる。しかしそれ以外の場合、「正戦」と十字軍の混合は常軌を逸している。いずれもシチリア王国の問題でローマ教皇が十字軍を勧説した際、教皇庁の封土であったシチリア王国の簒奪者マルクワード・フォン・アンヴァイラー、つづいて皇帝フリードリヒ二世、その息子マンフレット、そしてピエール・ダラゴンから聖ペテロの財産を守護すべきであったが故に、それらは「正戦」としか関係しえなかった。しかし、参加を奨励するための十字軍贖宥の濫用は一三世紀から多くの疑惑を生み出す。それでも吟遊詩人リュトブフは、マムルークの脅威に晒されていたアッコンの救援に赴くのと同一の資格で、シチリアのマンフレットやギリシアのミカエル・パレオロゴス帝と戦うために十字架をとるよう同時代の人々に呼びかけても、不快さをいささかも感じなかった。

　このように、十字軍は多面的な運動であった。しかしながら、一二、一三世紀の人々は本当の十字軍とは東方キリスト教徒の防衛と聖墓の確保のために企てられた遠征のことで、十字軍と呼ばれる残りの企ては十字軍に似て非なるものであることを認識していた。

　このことから、「正当な」十字軍のみがこれから取り扱われることになる。次章で展開される十字軍の精神を明確化しようとの試みは、それだけでも容易ならざる仕事である。しかし、一つの社会全体が十字軍を体験したことを認識しなければならない。そしてすべての社会階層が直接にであれ、また施しや献金といった手段による金銭的犠牲やその他によってであれ、それに参加したことを認識しなければならない。十字軍は、キリスト教会の首長たちの呼びかけを通して、キリスト教世界全体を動かした。それ故、それを理解しようと試みることは価値のあることである。

第二章　十字軍の精神

前章で顧みられた十字軍の歴史は、この運動が途方もなく錯綜していたことを明らかにした。一〇九五年から一三世紀末の間に繰り返された十字軍の発進リズムもこれほど不規則なものはなかった。教皇の呼びかけへの応答も非常にまちまちである。一〇九五年と一一四七年に大勢の群集が動く。ところで、一一二〇年東方のラテン人諸国家が置かれていた状況はほとんど絶望的とも言えるほど深刻であった。アンティオキア公国は真の破綻を経験し、流血の戦場と化していた。エルサレム王国では無秩序が頂点に達していたため、コンポステーラ大司教宛の総大主教の書簡は救援の悲痛な呼びかけで終わっている。ナプルース〔ナーブルス〕公会議に参集した聖俗高位高官は神の怒りを鎮めようと躍起になる。教皇カリストゥス二世は十字軍の呼びかけ——スペイン人の懇請に応えて発給された教皇勅書から知られるのであるが——を行う。しかし、この呼びかけは完全に無視される。それは五〇年後、サラディンによる勢力拡大に不安を感じた教皇アレクサンデル三世の一連の悲痛な呼びかけが、エルサレム陥落によって大きな衝撃を受けることになる西ヨーロッパを揺り動かすことに失敗したのと同じである。

遠征の一部は十字架をとり、封臣たちに随行を決心させた世俗諸侯のイニシアチブに負っていたと思われる。その他は反対に、王冠を戴く最高権力者の不参加によって特徴づけられる。したがって、この場合、教皇の呼びかけに応えたのは一般の人々である。

しかし、信者たちはこの呼びかけを彼らに向けて発せられたものと考えていたのであろうか。ビザンツ皇帝との協調をもくろむ教皇庁の政策に忠実で、両教会の統合の実現をただ一人切望していた教皇ウルバヌス二世はギリシア人救済の十字軍を組織する。巡礼者はエルサレムにしか目を向けていなかった。第四回十字軍の運命に非常に重くのしかかった財政上の不測の事態は挙げないとしても、十字軍精神の輪郭を明確にするためには、十字軍士の心思や関心が教会法学者の定義づけや説教者が取り上げたテーマと同程度に重要であったことは明らかである。

兄弟愛

十字軍の呼びかけの基本テーマの一つは、諸教皇が「兄弟愛《シャリテ・フラテルネル》」と呼ぶものである。一〇七四年に輪郭が作り上げられた十字軍が一〇九五年に実現されたのはなぜか。それはイスラーム教徒が四百年以上も前から定住するようになっていたエルサレムを奪取したからではない。それはビザンツ帝国内のキリスト教徒が住む地域へのトルコ人の侵攻がキリスト教の同胞にとっても苦痛と圧迫の原因になったからである。ところでこの一一世紀末、キリスト教会は「神の平和」制度の形をとって、圧制から弱い人々を保護するための組織を西ヨーロッパに確立したばかりであった。したがって、クレルモン公会議で教皇ウルバヌス二世が行った演説が、その冒頭で「神の休戦」とそれを遵守させる方法とを論じているとしても偶然ではない。十字軍は平和の制度として、キリスト教会の弱者に対する憐憫と弱者が強者の暴力から免れる秩序の確立への願望とから生まれた。異教徒は強盗をはたらく騎士や掠奪にはしる領主と同類である。異教徒から東方のキリスト教徒を守ることが、西ヨーロッパの「圧政者」から農民、修道士、商人を守ることと同様に重要である。

教皇ウルバヌス二世はこの兄弟愛を東方のキリスト教徒のために称揚した。そしてもちろん、彼はこの言葉でもって、ビザンツ皇帝の臣民であるギリシア正教会のキリスト教徒を指し示そうと考えていた（グレゴリウス七世もまた、一〇七四年ごろ内部で繰り広げられていた対立抗争で特に苦しめられていたアルメニア人をこのように呼んでいる）。いろいろな事件との遭遇のなかで、十字軍士はすぐに一つの区別を設けるようになった。すなわち、ビザンツ人は彼らをせいぜい同盟者として迎え入れていたにすぎず、決して解放者としてではなかった（ビザンツ皇帝の治安当局は厳罰主義で臨み、そのため教皇特使アデマール・ド・モントイユ自身も、十字軍から落伍者を出さないとの厳命を受けていたビザンツ帝国の協力者によって負傷させられていた。皇帝は十字軍を支援するとの願望とは明らかに両立しえない政策を思うがままに遂行した。商人は十字軍士の犠牲のもとに商売で儲けていた）と。これに対して、第一回十字軍の指導者たちが一〇九八年になってやっと教義上の相違に気づいて、少々不快に思うようになっていた東方教会のキリスト教徒――メルキト派、ネストリウス派、アルメニア教会派、ヤコブ派――は十字軍士がイスラーム支配に終止符を打った際、非常に大きな熱狂を表したようである。したがって、歴史家ギヨーム・ド・ティルは彼らのなかに十字軍がその解放を掲げていた「兄弟たち」を見いだしている。

しかし、非常に早くから、この「兄弟愛《カリタス・フラテルナ》」は東方のラテン人自身に対しても使用された。「若駒《プーラン》」と呼ばれる東方に定住したラテン人と「エルノーの息子たち《フィス・デルノー》」と呼ばれる西ヨーロッパからの来訪者との衝突は確かに稀なことではなかった。異教徒との共存の必要性を理解できない後者は前者を非難する。後者は前者を敵との共謀の張本人とみる。東方に定住したキリスト教徒の生活習慣は、ジャック・ド・ヴィトリの書簡やアッコンの町で積み重ねられた罪をその住民の血によって洗い清める必要性についてのジョワンヴィルの省察が伝えているように、悪評を招く。しかし、驚かされるのは、これらのどうにも避けられない意見の対立を乗り越えて、イスラーム教徒の再征服によって脅威に晒されていた東方の同胞を救助するために西ヨーロッパの人々が支払った無限の努力である。

捕虜と哀れな巡礼者

捕虜と巡礼者のなかで最も哀れむべきは異教徒の手に落ちた捕虜である。「異国の地で生きる捕虜の身柄を買い戻す」ための遺贈財産が現れる一三世紀の遺言書が伝来していなかったとしても、三位一体修道会の創設はその一つで、西ヨーロッパのキリスト教徒が投獄された彼らの兄弟たちに示していた憐憫の深さを十分に証明している。もちろん叙事詩も、空想的な冒険を追い求める想像力を時折掻きたてさせたこれらの「捕虜《シェティフ》」を忘れてはいなかった（アンティオキア公の宮廷で『捕虜の歌』が作られている）。しかし、一二三九年から三年間、自らもカイロで捕虜になっていたフィリップ・ド・タントイユの作品などは悲惨な境遇を思いおこさせる。そして、捕虜を解放する義務は教皇勅書によっても喚起されている。三年間、東方で聖ルイ王とジョワンヴィルを支えたのもこの義務である。

　弱い者、不幸な者への愛。十字軍は多くの悲劇の舞台であった。詩人アンブロウズは一一八九—九〇年のアッコン攻囲で人々が体験した悲劇について書き残している。この事件は、募金と食糧供給を組織した数名の高位聖職者の努力を書き記す動機をこの詩人に与えている。そして、この詩人によると、十字軍士の罪によって引き起こされた神の怒りを沈静させたのが、この募金運動の成功である。第一回十字軍でレモン・ド・サン・ジルは哀れな巡礼者に食糧を供給し、それに巨額の資金を注ぎ込むことが自分の義務だと考えた。聖ルイ王もシドン〔サイダー〕の城壁下に埋められずに放置されていたキリスト教徒の遺体を自らの手で埋葬するために出発した。

愛を実践する機会はほかにもあった。それは他の十字軍士が危険のなかにあったときである。ペーター・クノッホはそのことを著書『アルベルト・フォン・アーヘンの研究』のなかで力説している。アルベルト・フォン・アーヘンは、主人公ゴドフロワ・ド・ブイヨンの存在を借りて、危険に晒された兄弟を命がけで救助しようとするこの性向を活写している（ゴドフロワが重傷を負ったのは、熊に襲撃された巡礼者を救出にいく途中であった）。これと同じ愛をウード・ド・ドイユは、トルコ軍の真っ只中に突進し、巡礼者と従卒が虐殺されるのを阻止したルイ七世において際立たせている。

イスラーム教徒に対する憎悪、それとも尊敬

しかし、この愛には限界があった。すでに見たごとく、十字軍士はギリシア人に対して複雑で錯綜した感情を非常に早くから抱いていた。しかしイスラーム教徒に対しては、敵愾心がほぼ支配的であった。それが表現されている箇所を書簡や十字軍記のなかから拾い上げても仕方がない。一〇九五年、西ヨーロッパのキリスト教徒はその信徒が「異教徒」とみなされていたイスラーム教をよく知らなかった。イスラーム教徒をよく知ろうと努力するようになるのは、クリュニ修道院長ピエール・ル・ヴェネラブル

〔一〇九二―一一五六年〕の時代になってからのことである。しかし、キリスト教徒はイスラーム教徒が――たぶん無意識にであろうが――キリスト教徒を抑圧し、そして諸聖所を占領するため、悪魔の手先になりさがっていると考えた。アンリ・ダルバーノは「サラディンがキリスト教徒と戦っているのは、キリスト教徒が所有しているものを奪取するためである。しかし悪魔はいわれなき憎悪でキリスト教徒を苦しめ、キリストの名を地上から消し去ろうと躍起になり、サラディンやその他の追随者を介してキリスト教徒を迫害している」と説明する。このようなことから、十字軍記作家の口をついて出る「呪われた民」のような文句が作られるのである。最初の接触はすぐに、キリスト教の平和の敵を際立たせる「圧制者」としての性格をトルコ人に押しつけた。キルキア諸都市をイスラーム教徒の占領から解放した第一回十字軍士は一〇九七年から、一〇年以上も前から征服されていたこれらの都市のキリスト教徒住民が蒙った迫害の苛酷さを証明する証言の数々を聞き集めたことが知られている。彼らはイスラーム教徒への復讐をすぐに考えた。

しかし、異教徒に対する憎悪は十字軍精神の基本要素ではない。アラン・ド・リル――一二世紀末に活躍した――が書いた『懺悔規定書』の一節はすでに引用されているが、そのなかでは「異教徒」を殺すことは憎悪や強欲といった加重情状がない場合でも、四〇日間の断食によって償われるべき罪であると明記されている。聖ベルナールは「新しい騎士」の讃美のなかで、もう少しで異教徒を死に追いやるところであったと後悔している。そして教皇インノケンティウス三世も将来すべての憎しみが消え、相互における寛容が確立されるために、聖地エルサレムをキリスト教徒に返還することをエジプトのスルターンに懇請するとき、聖ベルナールと同一の方向に進んでいる。

それは、十字軍が強制的改宗の企てではないからである。ただし、強制的改宗の考えがキリスト教徒すべてとまったく無縁であったと思うことも間違いであろう。武勲詩、そして特に第一回十字軍の開始期に書かれた『ロランの歌』は、死と洗礼の選択を突きつけられた異教徒を意識して前面に出している。しかし、暴力による洗礼は十字軍に関するテクストのなかでは出会わない。教会はそれに反対していた。そして教皇インノケンティウス四世（一二四三―五四年）は「キリスト教徒にすることを目的にサラセン人と戦争してはならない」との表現で自身の見解を表明しなければならなかった。一三世紀ドミニコ修道会のギヨーム・ド・トリポリが十字軍の終焉と異教徒改宗のための布教活動の推進を説いたのは、十字軍の地においてである。これらの布教はアッシジの聖フランチェスコが第五回十字軍の只中で、スルターンに説教をするために出発したときに考えていたことである。

しかし、テクストの一部は十字軍を「キリストの名をより遠くまで広める《ディラターレ・クリスティアニターテム》」目的を持ったものと考えている。しかしここでは特に、イスラーム教徒が占領する諸都市においてキリスト教の優位性が再び確立されることが問題であったようである――しかし、アラブやトルコ人の征服によって、それまでキリスト教徒の土地であったところにイスラーム教徒の支配が樹立された地域以外にも、イスラーム教徒が住む地域が存在したことを十字軍士は知らなかったことを忘れないようにしよう――。イスラーム教徒へのキリスト教の布教が十字架によって三日月が駆逐されたところでしか可能でないことが、一三世紀に判明するであろう。一二世紀においてこのような関心は、征服を正当化していたキリストの教会と信仰の再興に対してまだ副次的でしかなかったようである。しかし、それにつづく世紀には、二回にわたって敢行され、大モスクが大聖堂に変えられて完了したダミエッタ占領が非難されることになる。イギリス人のマシュー・パリスのような一部の人々は、十字軍は征服戦争ではなくて、ダミエッタが聖地エルサレムとの交換のための担保として使われる限りにおいてのみ、この占領は正当化されるにすぎないと考える。このように、十字軍の精神は、少なくとも一部の人々の間では、征服戦争の観念から分離しようとしていた。

十字軍士が敵対者に対して抱いていた敬意——戦士が自己の力との対比で判断する敵への尊敬——のほうが広く浸透していたようである。すでに第一回十字軍記のなかに、その反映を見いだすことができる。エミールのウザーマはそれに関する生彩にとむ証言を残してくれている。そしてサラディンは西ヨーロッパ人のあいだで、物語の主人公、寛容で礼儀正しい敵の典型となった。

しかし最高の証言となると、それはジョワンヴィルの証言に落ち着くであろう。捕虜になったが、間一髪で虐殺を免れたこのシャンパーニュの貴族は、自らが証人となった人間愛の数多の証を感情豊かに書き記している。それだけにとどまらず、自ら異教徒の言葉に耳を傾けたこと、金曜日の断食に関してエミールと教皇特使の意見が一致したことも記している。サラディンの言葉は相互理解の基礎の役割を果たしている。イスラーム教徒による省察は、捕虜になったキリスト教徒の信仰を豊かにした。そしてウード・ド・ドイユは、一一四八年アンタリア〔アダリア〕に一文無しで残されていた巡礼者たちを救ったトルコ人の寛容さをギリシア人の貪欲さとの対比のなかで、すでに際立たせていなかったか。

それにもかかわらず、イスラーム教徒に対する敵愾心の欠如は十字軍記の基調をなしてはいなかった。尊敬、共感の証言、または単純に敵を憎むことの拒否に、リチャード獅子心王がアッコンで行った捕虜の虐殺のような非道な行為が対比されうる。それゆえ、十字軍精神の基本構成要素として記憶にとどめるに値するのは、兄弟愛のテーマだけである。窮乏のなかにある人々への援助があとに加わるが、十字軍は何よりも危機に瀕した兄弟たちに対する救済義務を実行するものである。このキリスト教徒間の愛は、それが十字軍から生まれた神殿騎士団《タンプル》や歓待修道会《オピタル》といった騎士修道会の存在理由であったように、十字軍の出発点そのものであった。

キリストの遺産・聖地

しかし、別のテーマのほうがより力強い響きを持っていたのではなかろうか。それは諸聖所が有する神聖さである。この神聖な性格は、十字軍の説教ではじめて発見されるものではない。ラウル・グラベルが彼の『歴史』(IV, 18) のなかで語っているオータンの騎士、リエボの話は有名である。巡礼者としてエルサレムにきたリエボは橄欖山の頂で入神状態に陥り、そのなかで「自分の魂が喜びと自由のうちにキリスト昇天の地から天国まで昇っていくため」エルサレムで死ぬことを神に願い叶えてもらった。一部の歴史家はこのテーマを強調し、他の証言も援用しながら、十字軍(そして特に第一回十字軍)のエルサレム到着が現世の終焉と同化し、たちまち十字軍士は地上のエルサレムから天上のエルサレムへ移っていくといった考えを、十字軍士の心思のなかに見いだしている。このような終末観は存在していたし、そしてそれは特に第一回十字軍の「民衆的」要素のなかに認められる熱狂の風土を創出するのに貢献しえた。しかし、この観念に過度の重要性を付すことは正しくないと思われる。なぜなら、十字軍士は出発前に現世の問題処理にあまりにも気を遣いすぎており、帰還を考えていなかったとはとうてい考えられないから。

このような解釈がどうであれ、聖所崇拝は重要な事実である。あまりにも多くの史料が聖所を訪れる人々に主が保留している横溢する恩寵について強調しており、それがキリスト教信仰の基調の一つであったことを認めないわけにはいかない。あらゆる困難を覚悟で出発した膨大な数の巡礼者が、この事実を証明している。我が主の存在によって聖別された場所への訪問（そして、教皇パウロ六世が自らそこへ赴くことによって新たに訪問を喚起した）は、キリスト教信仰表出の頂点に達するための特殊な手段の一つでありつづける。一二世紀末枢機卿アンリ・ダルバーノが『神の国への巡礼に関する書』のなかで、「神の計り知れぬ英知は自己の能力では目に見えない至上の聖なるものに到達できない者たちのことを考えて、キリスト教徒に彼らを順次そこへと導くために、これらの目に見える神聖な場所を提供しようとなさった」と述べている。

聖なる場所には、たぶん、それがイスラーム教徒の占領下にあったときでも、西ヨーロッパの巡礼者は近づくことができたであろう。しかしそれは、トルコ人の定住と彼らとエジプトのファーティマ朝との戦争が惹起した無秩序な状況において度を深めていた侮辱と搾取の代償としてである。そしてキリスト教徒の信仰心は、聖都エルサレムが「異教徒」の支配下にあるのを不快に思っていた。教皇ウルバヌス二世は彼の演説のなかでこの感情に言及している。しかし、その数カ月後に、一〇〇九年カリフ、アル・ハッキムが犯した、しかしその時代の西ヨーロッパにおいてすぐに忘れ去られてしまったほどの動揺しか引き起こさなかった瀆聖行為の思い出を呼びさますために、教皇セルギウス四世〔一〇〇九―一〇一二年〕に帰せられた偽の回状が作成された。一〇九五―九六年のこの覚醒は以前とはまったく異なる響きを持っていた。そして一一八七年以降、諸聖所――と一〇九九年にキリスト教シリア人の手柄で発見され、異常なまでに崇められた「真の十字架」——に対する瀆聖に関する考えが押さえきれないものとなった。アンリ・ダルバーノはこのテーマを縦横に駆使する。十字架に加えられた陵辱、それはキリスト受難の再現であると。そのうえ、現実の瀆聖行為以上のことが語られていたに違いない。事実、サラディンは聖墓を厩舎にしてしまったとの噂が流れた。

それ故、キリストの信仰に不可欠なキリストの聖墓への接近だけが問題になっていたのではない。同様に、この一二、一三世紀に異常な尊崇の的になっていた聖都から、異教徒の存在がもたらした汚れを取り除かなければならなかった。したがって、一〇九九年の十字軍士の最大関心は聖都からユダヤ人とサラセン人を排除することであった。確かに、サラセン人の虐殺が——特に、武力で奪取されたハラム・アル・シェリフ地方で——起きていた。しかし、この虐殺は困難な攻略のすえの出来事であった。これに対して、聖都のユダヤ人は一人残らずアスカロン〔アスカラン〕へ連れて行かれ（最近発見された一通の書簡によって、ユダヤ教会でのユダヤ人虐殺の伝説は無視してよいものとなった）、そしてイスラーム教徒はダマスカスの郊外地に移り住んだ。こうして、エルサレムのあちこちに無人の土地が長い間残されたが、その他の区域はすべてキリスト教徒の居住地となった。そして、一二二九年皇帝フリードリヒ二世が諸聖所すべてを再征服したとき、世論は二つに分裂した。多くの者にとって、神殿をサラセン人の手に残したままであった事実は、「異教徒の汚れ」から聖都を清めなかったことと同然であった。

たぶんそこに、第二回十字軍の呼びかけが遭遇した反響の原因の一つがあったのであろう。一一四四年にトルコ人の手に落ちる以前、エデッサはイスラーム教徒の支配を経験することは一度もなかったこと、そしてその時までキリストの名のみがそこで崇められていたことを教皇エウゲニウス三世は強調した。エデッサ陥落はキリストの名にとって一つの汚れであった。

別の観念が、最初のそれに付け加わることになる。すなわち、聖地エルサレムは「キリストの遺産」であるとの観念。この観念は徐々にしかその姿を現さなかった。聖書に関する聖職者と俗人自身の教養がどんなものであったとしても――そして、十字軍の歴史全体が『新約聖書』と同様、『旧約聖書』に関する驚くべき知識を披瀝しているのではあるが――、十二部族の領土とダヴィドの王国に関する地理的確証は初期十字軍士にとってほとんど重要ではなかった。歴史的変遷によって、教養人でさえもが混同しがちであった、パネアス〔バーニャス〕からジブリンにいたるまでが聖書のなかで聖地に付与された（ダン〔タル・アル・カーデー〕からベルサベ〔ベイト・ジブリン〕までの）境界になるにいたったのは、エルサレム王国の建設によってである。サラディンによるラテン王国の征服はこの概念を明確化する機会となった。神聖な領域とみなされねばならないのは地上のエルサレム、そしてすべての聖所だけではもはやない。それはキリストが地上で生きている間に歩き回った土地すべて、神がイスラエルの民――キリスト教徒がその後を正当に継承したのであるが――に約束した土地すべてである。キリストは神の子であるが故に、永遠の父の相続人であり、聖地はキリストの固有の遺産であると。

ここで、私たちは宗教的心思と封建的心思の接点に身を置くことになる。そして教皇ケレスティヌス二世は、聖地の喪失によってキリスト教徒に科せられた罰であることの理由を説き明かす。すなわち、もし神がご自身の遺産を奪いとられたままにしておくならば、それは信者たちに彼らに対するご自身の怒りを感じさせるためであると。そして、これらの見解を結合することによって、一〇九五年教皇ウルバヌス二世の演説を聴いた人々がキリストの聖墓の解放のために出発するとの考えに敏感に反応したのに対して、一一八七年以降無数のキリスト教徒が出発したのは「聖地の奪還」のためであったこと、そして、この合言葉が第四回ラテラノ公会議以後、十字軍士に与えられた目的を決定するのに大いに寄与したであろうことが理解される。

罪の意識

もちろん、十字軍精神の形成に最も力強く貢献した感情は、「罪の意識《コンシアンス・デュ・ペシェ》」である。聖地エルサレム喪失に敏感に反応した人がいるとすれば、その喪失が人間の罪の結果と思われたからであり、したがって神が彼らの過ちが一層明白になるように、人間にそれを科すことを願われたからである。アンリ・ダルバーノはさらに進んで、地上のエルサレムが滅びたならば、それは天上のエルサレムがすでに失われてしまったからであると断言する。諸聖所の陵辱は罪深い魂の陵辱を反映していた。

明らかに、これは十字軍士が残した最も強烈な教訓の一つである。彼らをエルサレムに駆りたてたのは、罪を償いたいという願望である。教皇書簡にみられるごとく、苦難と危険を背負った「徒行の辛労」が苦行として彼らに科せられていたのである。

中世の『懺悔規定書』のなかで、聴罪司祭が懺悔者に科した罰が過ちの軽重によってランクづけされていたことを想起しよう。重大な過ちの贖宥を得るための長期断食、無期限になることもあった肉断ちが広く命じられている。巡礼はこの贖宥に最もかなった形式の一つと考えられている。つまり、かくも恐ろしい罪が悔悟した罪人に祖国を離れ、決して一所に二晩ととどまることのない巡礼者として出発することを促したのである。

十字軍の贖宥はこの慣習の実践以外の何ものでもない——ただし、伝統的な巡礼は悔悟者として武器を携行せずに旅する巡礼者によって実践されなければならなかったという点で大きく異なっていたが——。十字軍士は懺悔をし、赦免をすでに受けていなければならない。しかし、十字軍士としての出発は聴罪司祭が彼に科したであろう残りの苦行の代わりをするであろう。教皇アレクサンデル三世はこの教義にこだわりすぎ、二年または一年間聖地で神に仕える見込みが贖罪そのもの（罪から生じる損害を賠償する義務）に代わりうるとした。しかし、彼はすでに物的損害を蒙っていた人々の権利を留保したため、この革新が大きな成功を収めたとは思われない。

十字軍制度の発展とともに、遠征への直接参加を実現できないか、参加しても何の役にも立てない人々に対して、それを第三者の出発を援助する可能性と置き換えようとする傾向が強くなる。こうして、自発的資金援助は、罪の完全なる赦免を援助者に保証することによって、「徒行の辛労」の代替となる。十字軍士（しかし、彼らは請願の買い戻しをあまり好まなかった）の精神のなかでは、事態はさらに進んでいる。なぜなら、女性も海外へ旅立つ者に忠誠でありつづけることで贖宥を手にすることができると、後になってコノン・ド・ベチューヌは言わなかったであろうか。

この贖宥への共鳴は非常に大きかった。十字軍のすべての説教師が好んだテーマの一つ、すなわち「好機」の観念は聖ベルナールに負っている。しかし、一〇九五年の十字軍士は、聖ベルナールと同様、十字軍宣言は摂理による出来事と理解していた。恩寵の水門は大きく開かれているので、すべての罪人は彼らの過ちがいかなるものであれ、神と彼らの兄弟たちへの奉仕のために出発することを承諾することで、過ちを償う可能性が彼らに与えられていることを知っていた。教皇インノケンティウス三世が力説するごとく、同情を喚起して出発へと駆りたてるために、罪人の前に聖地の荒廃と東方キリスト教徒の苦難を明示することは、神の善意が罪人に自らを救う機会を与えるために用いた手段の一つでさえある。

苦行者の軍隊

しかし教会の教義は、単なる徒行者として行動することを巡礼者に禁じている（一部の巡礼者は信仰心よりも好奇心に駆りたてられていると、すでにラウル・グラベルは指摘している）。巡礼者は苦行者であり、したがって悔悟者として行動しなければならない。一〇九五年から教皇ウルバヌス二世は遠征に同行する特使を任命している。遠征が数隊に分かれている場合、ノルマンディ公の礼拝堂付司祭アルヌール・マルクロンヌのごとく、同教皇は他の司祭にも同一の権限を付与した。これらの教皇特使は頻繁な説教と告白の更新によって罪人を赦免しながら、軍隊を神の恩寵のなかに維持することを主な任務としていた。この情熱は服装や規律のなかにも現れている。アキテーヌ公ギヨーム九世は十字軍士としての出発（一一〇〇年）に関して自らが書いた叙事詩のなかで、「それ故、余は喜びと楽しみ、銀鼠色の毛皮、栗鼠の毛皮、黒貂の毛皮を捨てた」と述べている。そして教皇エウゲニウス三世は、十字軍士はすべての高価な衣服、立派な毛皮、金または銀で装飾された武器、狩猟用の動物を断たねばならないと明言している。十字軍に参加した国王は、船上での運まかせの勝負事を禁止した。ジョワンヴィルは戦闘に出発するまえ、仲直りすることを麾下の騎士に要求している。彼は麾下の騎士のなかで、同僚の葬儀ミサの最中に冗談を言った者を神が当然のこととして罰し、次の戦闘で彼らを滅びさせたことを知っている。それは、十字軍士の軍隊は彼らに約束されている永遠の報酬に値するため、彼らの罪を償うことに全身没頭している苦行者の軍隊であるから。そして第七回十字軍が終わったとき、宮中とそこでの色恋沙汰を再び目にすることができると思って、教皇特使ウード・ド・シャトルーがジョワンヴィルのまえで涙を流した理由を理解するのは簡単である。十字軍の軍隊を表現するため、ジョワンヴィルはさらに踏み込んで、「あなたの神聖な仲間たち」という表現を使っている。

「神聖な仲間たち」という表現は、第一回十字軍の証人と作家たちの語調を想い出させる。なぜなら、彼らがその一員である軍隊を約束された土地へ行進するイスラエルの民と同一視するため、すなわち十字軍士を「神の民」と同一視するため、そして神が神の民に行った約束を十字軍に適用するため、聖書のなかにイメージを再発見しているから。十字軍士を鼓舞する役目を担わされた説教師たちはこれらのテーマを縦横に緩用し、それらを聴衆に馴染み深いものにしたに違いない。

しかし、一つの危険がこの苦行者の軍隊を窺っていた。それは驕慢の誘惑――この驕りは、その他の数え切れないほどの武勲詩とともに、『ロランの歌』がその例を伝えている――である。一〇九九年以降、教皇パスカリス二世に軍隊に関する報告を行った十字軍の指揮官は、都市アンティオキアの奪取を自らの勇敢に帰した十字軍士の高慢さが主の怒りを引き起こし、征服されたこの都市で彼らが閉じ込められ、過酷な試練を体験させられた事実を説明している。彼らはこのような態度を、聖都の奪取を実現した態度に対比させている。もしエルサレムが比較的早くラテン人の手に落ちたならば、それはラテン人が神の慈悲に再び完全に与ったからである。十字軍士が裸足で主に哀願しながら、聖都の囲壁に沿って行った行列こそが彼らの成功の唯一の原因であると。

ところで、次のことが教皇や十字軍記作家の筆でも絶えず表現されている。すなわち、十字軍士を狙う最大の危険は彼らの勇敢さ、戦闘技術の優越、数の上での圧倒的優勢を鼻にかけることであると。勝利を授けるのは神のみである。苦行は他のあらゆる方法よりも、それらを抑えるのに有効である。苦行者の軍隊である十字軍は苦行という武器を使ってはじめて成功するのである。エルサレムがサラディンの攻撃を受けて陥落したとき、教皇グレゴリウス八世は、まず第一に、断食をすべての信者に命じている。そして、軍隊の召集がそれにつづく。その軍隊が勝利の製造者になるには、キリスト教徒が、何よりも神のまえで謙虚になること以外にない。さらに、教皇インノケンティウス三世がカイロのスルターンに書簡を送ったのは、キリスト教徒の武装した兵力を彼に向けて出発させることで満足する代わりに、この謙虚の意思を彼に表明するためであった。一二一二年の奇妙な「子供十字軍」で十字架をとった少年たちは、この理念に忠実であった。現世の軍隊は無力である。キリスト教徒が約束の地を奪還しえたのは、神のまえで謙虚になったからである。

ポル・アルファンデリの優れた著書『キリスト教世界と十字軍の理念』は、特にこの主題とそれから派生する諸テーマ、つまり浄化への関心と神の恩寵のなかに止まりたいとの意思に問題を限定している。したがって、この問題に執着しすぎることは有益ではないが、十字軍士の気持ちを駆りたてていた理念が持つこの基本的特徴を十分に力説しておかなければならない。たとえ十字軍士が巡礼を終え、自身の罪に対する苦行を果たしたとしても、十字軍士に勝利を授けることを神に決定させたのは、彼らが構成する十字軍の共同体的全体の集団苦行、謙虚さ、祈りの誠実さである。

もちろん、失敗を人的・物的原因に求める意見もないわけではなかった。聖ベルナールは神の意思に合致すると信じて第二回十字軍を勧説したとき、幻想に引きずられていたと非難する人々に対して自己弁護しなければならなかった。第五回十字軍の悲劇のあとも同様に、同十字軍を組織した者、ローマ教皇庁の貪欲、そして特に教皇特使ペラギウスが非難された。しかし、全体的にみて最も勝っていたのは、もし神が勝利を拒否したのであれば、それは十字軍士の心構えが苦行者軍隊のそれではなかったからであるとの聖ベルナールの見方である。

そして次に紹介するのが、ジョワンヴィルが打ち出した見解である。ほとんど交戦することなくもたらされたダミエッタの奪取は神のすばらしい恩寵である。しかし、十字軍士はそれに値するものではなかった。戦利品の分配に関する従来の規則に自分の都合で違反した聖ルイ王も、貪欲な態度をみせた彼の部下たちもそれに値しなかった。貧しい人々のためによりよく活用すべきであった資金を、祝宴に浪費してしまった諸侯も同類であった。巡礼者の軍隊のなかでは貞節が是非とも必要であるのに、あらゆる種類の無軌道に引きずられた一般の人々もそれに値しなかった。ジョワンヴィルにとっては、エジプト遠征軍の苦難と最終的失敗の原因をもっと深く探究することほど無益なことはない。十字軍士の軍隊が勝利を獲得しえたのはその力によるものでも、またそれを構成する人々の勇敢さによるものでもなく、唯一神の意思によってであった。そして苦行、祈り、謙虚さのみが神の意思を動かすことができたのである。

騎士の名誉

しかし、この態度は一二、一三世紀の封建領主の心に深く根づいていた一つの観念、つまり「名誉《ロヌール》」の観念と一致していたに違いない。教皇ウルバヌス二世は一〇九五年に出発した十字軍士を一つの危険から守った。その危険とは、むなしい栄光の感情と強欲の感情とに身を任せることであった。彼はこのことを十字軍士に明確に表明し、信仰心のみに導かれて遠征に従軍する目的で出発した人々に付与される贖宥を享受できる資格を彼らから剝奪した。

しかし、用意されていた計画に聴衆を賛同させることを目的とした「追従的賛辞《カプタティオ・ベネヴォレンティアエ》」に取って代わられたラテン的修辞法に忠実であった教皇エウゲニウス三世——彼の前任者ウルバヌス二世もたぶんそうであったと思われるが——は、フランスまたはアルプス以北に位置する国々の騎士に関しては広く知られていた勇敢さに触れることを怠らなかった。なぜなら教皇エウゲニウス三世は、もし一一四五—四六年に出発した十字軍士が一〇九五年に出発していた十字軍士と同程度に勇敢でなかったならば、息子たちは父親ほどではなかったと結論しなければならないであろうと指摘しているので。

西ヨーロッパの北と南の吟遊詩人《トルバドゥール》が上級貴族や騎士にならって、教会の呼びかけに応えたとき、名誉のなかに聴衆の心を揺り動かすのにことのほか敏感な琴線を見いだした。コノン・ド・ベチューヌは十字架をとることで天国を手にすることができるのみならず、「褒章、賞賛、恋人の愛」をも獲得できると露骨に放言している。またリュトブフは、百歳まで生きる人間でも十字軍参加者ほどに大きな名誉を獲得することはないであろうと声高に言っている。ここには、戦闘や騎馬試合が独占している武勲や勝利といった「剣の技」を追求する者たちのまったく当然の帰結としての、非常に人間的な感情がある。

十字軍遠征は武器によって手柄を立てる機会、騎士が同輩の目のまえで戦いながら、愛する女性の心の深奥まで達すると思われる賞賛を浴びる瞬間である。そして、『ロランの歌』の作者が主人公の口を借りて、「汚い奴は歌うに値しない」という非常に特徴的な言葉で言い放ったのは、第一回十字軍が出発する数年まえのことである。出発を拒むか勇敢に振舞うことをしない騎士は辱められる――これは騎士身分に属す人間が蒙りうる最悪の運命である――ことになる。

しかし、名誉は名声とのみ関係していたのではない。それは怠ってはならない義務に対する感情でもあった。ジョワンヴィルの目には、彼に随行してきた哀れな人々を異教徒の地に放置してフランスに戻ることは恥と映った。そして特に、人間は「主に背いて」はならないのである。

封臣と「封主」

ここではすぐに、封主に対する封臣の義務の観念のなかへ入ることにする。この観念は非常に強制的で、特に法学者ロテール・ド・セニ、つまり後の教皇インノケンティウス三世はこの観念を活用し、神を王国から追われた王に似せ、献じられた臣下の誓いによって、国王をそのすべての権利のなかに連れ戻すために、あらゆることをなす義務を負ったキリスト教徒をその国王の封臣に似せた。ところで、このテーマは第二回十字軍以後、訴える相手の敏感な部分に達する術を心得ていた詩人によって利用される。一一四七年に『騎士たちよ。汝らは十分に守られている』を書いた匿名の詩人は、神を「天国と地獄の間で騎馬試合を行った」領主として描いている。そしてここで、一二世紀に多数みられたような、二つの軍隊間で戦闘を行うために二人の大領主によって準備された記念すべき対決の一つに私たちは立ち会うことになる。いかなる封臣も、その封主に対する忠誠に背いた場合、自身に向けられる譴責から免れる権利を一切有していない。ここでは神は将軍の一人で、残る将軍がサタンである。躊躇は許されない。義務は明白である。半世紀後、コノン・ド・ベチューヌもいかなる者も主に背くことはできないと、同じ考えをそのまま取り上げている。

異教徒がキリスト、諸聖所、十字架に加えた陵辱は二重の意味において耐えられなかった。これに関しては、既述したごとく、ことのほか神聖な領域、すなわちキリストの遺産と関係する。そして、封臣は封主から封主の「相続財産」が奪いとられたのを見過ごすことができないのである。しかし、異教徒は神を陵辱することによって、神の名誉に損害を加えようとした。教皇エウゲニウス二世やアンリ・ダルバーノはこのような陵辱をまえにして、キリスト教徒が感じなければならない恥辱を強調する。しかし、もっと過激にはしる者もいた。すなわち、神自らがこの陵辱を蒙ったのである。したがって、恥辱が舞い戻るのは神にであると。そして封臣は封主の名誉を守るよう厳しく義務づけられている。それ故、封臣は「海を越えて神の恥辱の仇を討つため」出発しなければならないと。

このように、中世における名誉の観念を「むなしい名誉」の観念に還元してしまうことは正しくない。名誉とは、約束に背かないために、騎士にすべてを受容させる力である。そしてさらに、名誉は十字軍参加者と十字軍唱道者の著作にしばしば登場する別のテーマのなかに見いだされる、この騎士世界に馴染み深い一つの態度、すなわち互恵の精神でもある。封臣は封主から受けていた数々の恩恵のため、そして保有する封土の代償として封主に仕えなければならなかったごとく、十字軍士も神への奉仕を欠かしえないほどのものを神から受けとっていたのである。このことは、一一四七年の武勲詩も言っていることである。すなわちその作者は、一一四六年一二月二七日にシュパイヤーに滞在中の聖ベルナールがドイツ国王コンラート三世に対して、神がこれまで与えたことすべてを同国王に想い出させ、神に返さねばならないことについて思い巡らすことを促すために投げかけた有名な文句を繰り返している。ジョワンヴィルも、封臣に対する約束を決して怠ったことのない君公を封主に持つことを誇りに思っている封臣のごとく、神が「これまで自分に背かなかった」ことを自慢している。

加えて、主に対する約束に忠実でありつづけるため、キリスト教徒は何かをなすべきだとの非常に高邁な思想がこれにつづく。封臣の忠誠は絶対的なものである。すなわち、十字軍士の忠誠にはいかなる留保も加えられない。十字軍の請願はこだわる心の持ち主にとっては度を超えた要求となる。

十字軍の試練と危険

それ故、十字軍はすべての犠牲を正当化するものとして現れる。そしてそのことから、十字軍の精神とは「寛大さ《ジェネロジテ》」の要求である。アンリ・ダルバーノはフリードリヒ赤髯帝が十字架をとった四旬節の第四主日を想起させながら、次のように叫んでいる。「長い留守がもたらすかも知れない破産も、無慈悲な天候も、荒れ狂う海のうねりも、その音と波の入り混じりも、道路や砂漠で待ちかまえている無数の危険も、空腹や渇きの苦しみも、そして死さえも恐れることのない彼らこそが真の殉教者ではないのか」と。

そしてたぶん、そこに私たちの感受性を最も強く刺激するものがある。十字軍士は戦いに命をかける。そして、彼らが遭遇する敵は容易にうち負かされる者たちではない。つまりそのため、フランク人はトルコ人を尊敬することをすぐに学んだ。しかしまた、十字軍士は多数の試練に晒されていた。恐るべき風土病、ジョワンヴィルも書いている、死の危険が付きまとった「軍隊病」がそれである。この病気はアッコン城壁下の第三回十字軍を襲った病気としても現れる。そして詩人アンブロウズは「すべてのものが咳き込み、嗄れ声になっていた。足と皮膚は腫れて膨らんでいた。頭にも腫れ物ができ、口からは歯がなくなっていた」と述べ、さらに「毎日軍隊のなかに四個の柩が見られた」と付言している。病気で死ぬとの不安な予感は戦いの最中に最も「甘美な《サヴルーズ》」死、すなわち永遠の喜びに直結した死によって倒れると考えることで感じえたその至福の興奮を体験することを十字軍士に許さなかった。しかし、病死は最も多くの十字軍士を襲った運命であった。

風土病以外に、欠乏、飢え、渇きもあった。『匿名作家による第一回十字軍記』は一〇九六年九月にクセリゴルドンで攻囲されたドイツとロンバルディアの十字軍士の苦しみを一切手心を加えず、冷徹な筆致で次のように活写している。「主イエスの名において幸福な殉教を最初に体験した者たち」は、結局、トルコ軍の矢に当たって倒れた。しかしその間も、彼らは渇きに苦しみ、「そのため馬やロバの静脈を切り裂いて血を飲んだ。他の者はベルトとぼろ切れを便所に投げ入れ、それに水を吸い込ませて飲んだ。また他の者は湿った土地に掘った穴の中に横たわり、身体のうえに土をかけて渇きの熱さを抑えようとした」と。一一八九―九〇年アッコン近郊でパンを得ようとして人々は殴り合った。軍馬の喉がかき切られ、内臓まで食い尽くされてしまった。芽が出はじめた草も抜いて食べられた。そして飢えも同様、一部の十字軍士はこの苦しみに耐えきれず、サラディンの敵地へ逃走し、イスラーム教に帰依したと。

イスラーム教徒に捕らえられることも、多くの十字軍士を待ち受けていた運命であった。「富裕な者《リシュ・オム》」は非常に長引くこともあった捕虜のあと、身代金と交換に釈放されることを望みえた。しかし残余の者たちには、奴隷生活が待っていた。クセリゴルドンの防衛者の一部はアンティオキア、アレッポ、クラッサン〔コラーサーン〕まですでに連れて行かれている。そしてその他何千もの人々が奴隷市場で同じ運命を辿らねばならなかった。ジョワンヴィルとその配下たちの最大関心は捕虜のあとにくる離散を防止するため、全員が一体となって捕らえられることであった。さらに、多くの者たちは改宗か死かの二者択一を強要された。負傷者、商人は商品価値なしとして、喉をかき切られかねなかった。

したがって、十字軍士は安穏な裡に出発できていたのでは決してない。彼は不案内で安全の保障のない道を通って行かなければならなかった。バルカン半島の縦断も危険がなかったわけではない。十字軍がその利用を高めることになる海路も、海に慣れない内陸の人々を不安にさせた。船酔いが彼らを怯えさせ、難破の恐怖が彼らに付きまとって離れなかった。そして、それは理由のないことではなかった。なぜなら、十字軍士を運んでいたガレー船は遭難と無縁なものではまったくなかったから。

しかし、出発のその瞬間からして一つの厳しい試練であった。ジョワンヴィルは巡礼の杖と水筒を渡してもらうべく最寄りの修道院に出かけたが、出発を表す祝福の儀式の最中、目に涙を浮かべ修道院を飛び出して戻ってこなかった。それほど彼には、子供や城から離れることが耐え切れなかったのである。そして、『十字軍の歌』のお馴染みのテーマ、すなわち恋人たちの別離の苦しみ。出発する男はため息をつき、心はフランスに残していくからと力強く言う。それに対して、恋人の女は二度と会えなくなるかも知れない男のために身を震わせて泣くといった具合に。

金銭上の心配

もっと俗っぽいかも知れないが、軽視できない他の心配もあった。十字軍士は自弁で装備を整え、自分で遠征費を工面しなければならなかった。財産がいかに大きくても、君主でさえこれらの巨額の出費を自己の通常収入や蓄財からだけで確保しようと考えることはできなかった。十字軍士になることはすべての人々にとって最初から一つの付随事項、すなわち土地や所領を売却するか担保に入れる必要性を伴っていた。下はイブン・アル・アティールが語る、第三回十字軍参加のため母が家まで売ってしまった農民から、引き出せる確信もなく所領のなかから一つの村を担保に入れた城主を経て、上は一二四一年に所有する森林の木々のすべてを伐採させたイングランド王の兄弟にいたるまで、十字軍士の出発を特徴づけたのは所有権の大規模な移転であった。このことは十字軍士の親族、その封建領主、そしていつでも金銭的蓄えを持っていた教会諸組織にとって、貸し付けたり担保を条件に提供するものを受け取ったりすることとの必然性を意味していた。これは十字軍士自身とその家族にとって確実な貧困化を意味した。ジョワンヴィルが描く、もはや神のみに仕えるため、キリスト教徒同士の戦争から自分自身を引き離してと神に祈願し、第七回十字軍の行軍中に受けた傷がもとで死んだ、立派な騎士ジョスラン・ド・ブランシオンは巨額の借金をしていたに違いない。なぜなら、彼の息子はシャロンとマコンのあいだで所有する大所領を売却しなければならなかったから。

また諸教皇の関心も、十字軍士に対して装備手段、そして特に海外での生活費を確保する手段を一日も早く容易にすることであった。教皇エウゲニウス三世は土地を担保に入れたり譲渡したりする場合に足枷となった、私法や封建法の規定の緩和を要求するにとどまった。彼の後継者たちは軍備費の創設を目的とする任意税制度の構築に着手する。十字軍説教者の説教はすべて寄付金の徴収を伴っていた。死の床にある者は、遺言書のなかに聖地、捕虜の身代金、戦士の生活費、騎士修道会のための遺贈を書き込む。聖職者は収入の一部、すなわち十分の一を納めるよう促される。そして一二七四年のリヨン公会議で、十字軍十分の一税の徴収がグリーンランドまで広げられた。しかし、厄介な両替の問題が起き、せいうちの牙とあざらしの毛皮を輸送して十字軍の企画に貢献していたグリーンランド人は、それらをアイルランドで織物に換え、次にその織物をスカンディナヴィア諸国に送って銀に交換しなければならなかった。これは十字軍士の負担をほんの少しだけ軽減したであろう。こうして集められた貨幣が国王や諸侯のもとに送られ、それでもって彼らは騎士と歩兵を雇うことができた。しかし財政上の不安は、最後の最後まで重くのしかかった。ジョワンヴィルは西ヨーロッパからの船がもはや到着することのない季節である冬季の聖地で発生する物価上昇による不都合を何とか乗り切るため、自分自身と家族のために整えていた手筈について詳細に伝えている。最下級の戦士は、自分より上位の領主に仕える機会に恵まれないとき、担保に入れた彼らの土地はまったく収入をもたらさず、借金しようと考えることすらできなくなっていたので、貯えが減っていくのを見て不安を募らせた。そして生活費が高騰でもしようものなら、もうそれは破局である……。

しかし、十字軍が一部の十字軍参加者に物的成功をうる機会を提供していたことも認めないわけにはいかない。第四回十字軍のあとにつづくビザンツ帝国の征服については言わないとしても、第一回十字軍のあと、非常に多くの西ヨーロッパ人がレパントに定住するのがみられた。フーシェ・ド・シャルトルはよく知られた著書で、下級騎士が上級騎士に変身し、土地を持たなかった農民がブドウ畑や耕地を獲得したりして、西ヨーロッパでは貧しかったが、東方で金持ちになった人々について明らかにしている一〇九五年の十字軍開始時点において、西ヨーロッパが苦しんでいた人口増加を大量移住によって緩和しようとの願望が存在していたと主張することもできた。しかし、忘れてならないのは、教皇ウルバヌス二世は現世的儲けの下心を抱いて出発した十字軍士を贖宥の恩恵から排除していたことである。

冒険に伴う危険

冒険心、そしてそれと結びついた利益追求を十字軍に参加する非常に多くの人々が持ち合わせていたに違いない。ただし、この感情、およびそれと結びつきうる残りの感情を考慮に入れることがここではできないのではあるが。特にボエモン・ド・タラントのような男は、東方で満足のいく活動拠点を獲得しようとしたようである。そして彼がアンティオキアの支配者になった方法が、彼の関心がどこにあったかを雄弁に物語っている。イスラーム教徒の領土内で行わなければならない征服をまえにしての不安はもっとあとでしか姿を現さず、そのうえそれはあまり広まらなかったであろう。

しかし、東方に定住した者たちは物欲のみに駆られていたのか。占領された都市を防衛する役目を担った諸侯は常に大きな熱意をそれに示していたではないか。聖地のラテン人は常に戦時体制下にあって、ほとんど明日のない日々を送り、陣営の補強にやってくる西ヨーロッパの兄弟たちが示す反感に不快を感じていた。そしてそれは、第一回十字軍の終わりからすでに始まっていた。多くの巡礼者は聖なる土地からもはや離れたくないとの願いから、聖墓の近くに住みついた。エルサレムの城壁は多くの世捨人にとって、避難所の役割を果たしていた。したがって、聖地にかかわる諸問題と対イスラーム教徒の関係についての見方が西ヨーロッパ人のそれとは異なった色調を帯びていたとしても、十字軍の精神は東方で新しい活動拠点を発見した人々に必ずしも欠如していたわけではなかった。

ともかく、冒険家は聖地を目指して西ヨーロッパを出発した多くの人々のごく一部しか占めておらず、数万、そしてたぶん数十万の人々さえもが危険に勇敢に立ち向かい、まえもって多くの試練をくぐり抜け、物的利益を期待することなく、多くの不安と引き換えに「徒行の辛労」を受諾したのである。彼らの基本動機は、一三世紀にリュトブフが次の一風変わった言葉で表現しているそれであった。つまり、あまりにも多く払いすぎたから天国に行けなくなったなどありうるのかと。親愛なる者との別離、財政上の困難、死、牢獄は魂の救済に重要であってはならない。すべての犠牲を受容できるのは神への愛によってである。そしてそれが故に、同時代の人々はこのような禁欲を受諾した人々を呼ぶため、殉教者という言葉を使用するのに少しの躊躇も感じなかったのである。

挫折

もちろん、十字軍精神は挫折を経験する。失敗は苦しい試練であり、聖ベルナールに従うならば、最善者のみが神への信頼を教訓として引き出していた。他の多くの者にとっては――アルスーフ〔アルシユール〕の神殿騎士団《タンプリエ》の騎士のごとく――、「神はまどろんでいた」のである。不満の囁きがすぐに起こった。ある者は十字軍のために資金集めに没頭するが、十字軍に必要なだけの金を十字軍士に渡していないと、ローマ教皇庁を非難する。ある者は教皇が財政上の理由から誓願の買い戻しを認可するのをみて、十字軍が聖地以外の目的地へ外れていくのに憤慨する。

さらに、「十字軍忌避者」が別の反対を表明する。安楽を断たずに永遠の生命を得ること、そして祖国を離れずに聖なる生活を送ることは可能であると。十字軍士はすべての徳の手本を常に示していると は限らない。そして『狐物語』のなかで読むのは、出発した人々が総じて出発しなかった人々よりも悪くなって戻ってくることである。良心からの反論が現れる。戦争すること、サラセン人から彼らのものを奪取するために出て行くことに人々は躊躇を感じる(そのため、説教者はイスラーム教徒が聖地を征服したのはそう昔のことでないこと、そしてそこで彼らはキリスト教徒を虐待していることを聴衆に想い出させなければならなかったのである)。

残余の人々は、人間——家長、封建領主、君主——である以上、服従する者に対する義務を守ること、そして個人的救済のために彼らを犠牲にすることはできないと主張する。これはリュトブフの作品に登場する十字軍忌避者が喋って聞かせる科白であり、またそれはジョワンヴィルが一二七〇年の十字軍に関して言う文句でもある。ジョワンヴィル自身、自領の住民が無庇護のまま放置されないために出発を拒否している(そしてそこには、政治的対立の下心が混在している。なぜなら、彼は封臣の土地に支配を拡大しようとする諸侯を非難しているので)。

しかし、十字軍批判——たとえ倦怠、政治的選択、危険に対する恐怖、さらには宗教的無関心が暴露された場合に、その批判が正当でありえたとしても——は、根底において、自己放棄、服従、犠牲の精神にほかならなかった十字軍精神の基本そのものを損なうことはまったくなかった。

十字軍は改心を要求する

そして、十字軍を通じていくつかの新しい観念が姿を現すのを見る。十字軍は新しい生活、つまりよりキリスト教的な生活へ通じる道として現れる。

十字軍は中世人がこの言葉を理解していた意味においての改心として現れる。それはこれまでの生活との断絶であり、すべてが福音主義の規範に定められた生活へ入っていくことである。すでに教皇ウルバヌス二世は彼の時代の騎士に対して、彼らの罪深き習慣、特に教会が確立しようと努めていた平和の制度に反するすべてのこと――暴力、略奪、不当課税――を放棄することを奨励している。その後も教皇はこの呼びかけを繰り返した。しかし十字架を受け取った人々の改心を驚くべき奇蹟に似せることでこの呼びかけを最高に際立たせたのが、アンリ・ダルバーノである。すなわち、「悪徳に最も溺れていた人々が純潔になった。最も暴力的であった人々が温和になった。最も傲慢な人々が謙虚になった。国王と諸侯は現世が軽蔑できることを知る。圧制者たちは殉教者に変身した」と。聖ベルナールはこのテーマをさらに大きく発展させた。十字軍士として出発する者は彼らの祖国から彼らの存在と祖国の人々の上に加えていた圧制を取り除くであろうし、彼らのなかには紛れもない罪人もいるであろう。しかし、聖地では彼らは庇護者、謙虚で従順な奉仕者となる。そこで彼らは彼らの出身地の人々が出発に際して示したのと同程度の大きな喜びでもって迎えられようと、彼は率直に述べている。

さらに、聖ベルナールは決定的改心を考える。彼が賞賛する「新しい騎士」は帰還の見込みをも放棄した十字軍士で構成されたものである。ことにこれらの十字軍士は聖なる土地に守られて生き、彼らの兄弟たち、防衛手段を持たず異教徒の攻撃に晒された巡礼者に仕えたいとの願望によってすべてを聖地に捧げることを決心した神殿騎士団《タンプリエ》の騎士たちである。聖ベルナールはこれらの改心した戦士と俗界に止まっている彼らの兄弟たちとを好んで対比させた。彼らはこれら改心した戦士の召命のなかに主の真の呼びかけを見いだした。神殿騎士団の騎士とは一時的約束を永遠の制約に変え、十字軍によってその約束を実現させた騎士のことである。そしてこの騎士にこのような前代未聞の形式の宗教生活を営ませるようにさせたのが、私たちが十字軍精神のなかに見いだそうと試みてきた動機そのものなのである。

騎士修道会の成功は、周知のごとく、非常に大きいものであった。歓待修道会《オピタル》が神殿修道会のあとにつづいた。その他の騎士修道会もほとんどいたるところに誕生し、そして人々は残りの十字軍士の参加を「総徒行」に限定することによって、騎士修道会の騎士に十字軍を指導する、または少なくとも恒常的にキリスト教世界の最前線を防衛する特別な使命を認めるようになった。「老巡礼者」と呼ばれたフィリップ・ド・メジエールが受難修道会の創設を彼の十字軍計画と結びつけたのもこのためであった。

しかし十字軍は、大半の人々にとっては、修道精神規則の受諾によって特徴づけられる決定的改心の基礎ではない。十字軍参加は一時的改心にすぎない。十字軍士は自分のものとしておかねばならない苦行の精神に請願の成就まで従う。十字軍参加は、最も恵まれない場合でも——ブランシオン領主の請願によれば——、キリスト教同士の戦争から一時的に免れた戦士の生活を送りながら、教会とその信者の防衛に身を捧げるための一つの好機でありえた。

―十字軍士――ジョワンヴィル

十字軍士の模範を示していると思われるのが、ジョワンヴィルである。彼はすべてにおいて教会に従順であったが、誓願の要求をすべて自分のために遂行し、そして国王の帰還に反対したり、禁欲の掟に対する違反――それが無意識のうちになされようとも――を償うために特別な断食に服すとき、その選択に良心が関係する場合、それが教皇特使であっても、聖職者の意見を撥ね返すことのできる「成熟した《アデュルト》」キリスト教徒であった。また、彼はその最高の形式における騎士道精神ですっかり鍛え上げられたキリスト教徒、すなわち聖ルイ王の時代に言われていた「廉直な人《プリュドム》」でもあった。さらに、彼は狂信によって盲目的になることも決してなかった。殉教者キリストの棕櫚を今すぐ手に入れるため、サラセン人による大量虐殺を放任してはと家臣の一人が言ったとき、ジョワンヴィルとその仲間たちは決然と捕虜の道を選んだのである。しかし、捕虜となったあとも、彼らは信仰否認のためのあらゆる圧力に抵抗しつづけた。

試練の苦しみは、ジョワンヴィルも例外ではなかった。彼は精神高揚の瞬間を体験した。上陸の成功と数々の武勲。同時に、彼は試練も経験した。この戦士が告白するにいささかの憚りも見せていない、ギリシア焔硝や無防備のキリスト教徒を虐殺した敵と遭遇したときの恐怖、飢え、病気、財政上の不安、離別、死別。彼の神への信頼は絶対的であった。彼は戦火のなかにあっても神を讃美する。彼の義務感は彼が責任を負っていた人々に対して、そして特にフランスへの帰還の好機が到来したにもかかわらず、聖地に止まることを選択したときにはっきりと現れる。そしてもしキリスト教倫理の規則と名誉の掟と折り合わない場合でも、彼は自分の陽気さを放棄しなければならないとは考えない。なぜなら、人々は飛んでくる敵の矢のしたでも冗談を言い合い、ミニチュアの武器で壜やコップを壊すような、ときにはうんざりすることもある遊戯で気を晴らしているではないか。

彼はミサや聖遺物に深い敬意を示し、自分の信仰に真剣に生きた。彼は懺悔の秘密に大きな関心を示した。彼は神の掟や教会の掟に違反することを厳しく裁いた。しかし、捕虜生活でよりよく知りえたことから、彼は敵に対して憎悪を感じなかった。そのとき、彼は彼らから学ぶことさえした。「暗殺者団《アササン》」のもとに赴いたドミニコ会士イヴ・ル・ブルトンは、以後人間がただ神への愛から神に仕えるために地獄を滅ぼし、天国を破壊しようと願っている一人の老女に途中で出会ったことを語っている。今日かくも人口に膾炙する「対話《ディアログ》」の思想は、一三世紀のこの廉直な男と無関係であったのであろうか。

しかし、ジョワンヴィルには騎士修道会の騎士に似たところがない。聖ルイ王の厳格さも彼の考えるところではない。一二四八年、彼は聖ルイ王の十字軍士としての義務を完璧に果たしている。しかしそれでも、一二七〇年には「十字軍忌避者」の典型になってもいる。そして、一二五四年に聖地エルサレムを立つときの彼の喜びがすべてを語っている。そのとき、家族と再会できる幸福感に、彼がかくも多くの危険をくぐってきた国を去る安堵感が加わる。

十字軍と信仰

したがって、十字軍精神がいかなるものであったかを最も垣間見させてくれるのは、聖ベルナールの騎士修道士と聖ルイ王の時代に十字軍に参加した「廉直の人《プリュドム》」が共存している場合である。

外部からの危険に対するキリスト教徒による防衛の企てであった十字軍は、中世キリスト教世界の要求に対する教会側の応答であった。この戦いを遂行するためには、身分において戦士であった人々に頼らねばならなかった。これら戦士に対して、教皇ウルバヌス二世は一つの褒章を提案した。それが贖宥である。この贖宥は一つの生活様式を生み出した。すなわち、十字軍とは巡礼者の軍隊であった。それは清貧と犠牲の精神に鼓舞された苦行者の軍隊となった。

しかし、苦行者は戦士でありつづけなければならなかった。この二つの要求に合致した一つの修道生活の定義は非常に意味深いものである。すなわち、福音主義的完成は戦う職業の要求と両立しえないものではもはやない。なぜなら、戦士は十字軍がやがてはまり込む一一世紀の一大平和運動の論理に従って、キリスト教徒の防衛者、平和を維持する人となるので。

もちろん、十字軍精神の要求は——騎士修道士（神殿騎士団《タンプル》がそのため辛い経験をしなければならなかった）にとっても——過酷なものであった。待ち受ける死といった非常に過酷な犠牲の受容、暴力と力の誇示と縁の切れない生活のなかでの苦行と謙譲の掟への服従は、多くの人々の能力を越えていたであろう。ここで輪郭を明らかにしようとしてきた十字軍精神への背反は枚挙にいとまがなく、そのためそれらは道学者や十字軍記作家に十字軍士が体験したすべての失敗と不幸に都合のよい論拠を提供している。憎悪、強欲、残忍、虚栄——聖ベルナールが神殿騎士団《タンプル》が避けなければならない四大悪として告発している——は、十字軍士と無縁ではなかった。

教皇ウルバヌス二世が教皇特使を介して間断のない説諭を彼の騎士と巡礼者に用意していたのは、彼がこの老人のごとき四大悪を退治するのがいかに困難であったのかを知っていたからである。罪を悔い改める態度——一〇九八年のアンティオキア攻囲を特徴づけたものを想起せよ——はこれら十字軍士の誠実さ、彼らの心を鼓舞していたに違いない十字軍精神を体現しようとの彼らの願望を立証している。

すべてのものを圧倒していたのはかくも大勢の、種々雑多な人々がみせた十字軍精神の要求への完全な服従によって作り出された賞賛である。十字軍は、その活力と奥深さが今日のキリスト教徒にとって心を揺り動かす教訓を内在するキリスト教信仰の試金石のように思われる。

そして、異なる状況下に置かれた各時代のキリスト教徒の生活のどれがとどまるに値するかを認識することが問題になっているが故に、その構成要素の分析を試みたこの十字軍の精神が今や本当に時代遅れとなってしまっているのかを私たちは問いなおすことができよう。

反対に、この十字軍精神は常に生きつづけるのだろうか。今日それを体現すべき領域がいかなるものであれ、以下のテクストがかくも多くの十字軍士が持っていた寛大さのすべてを明らかにすることによって、その解答を与えてくれることを筆者は願うのである。

第三章　テクスト案内

以下〔第二部〕に載録した史料の最初に、十字軍そのものが定義されているテクストがくる。それらは教皇の十字軍勅書、教皇や公会議の十字軍勧説文書である。史料を読み進むにしたがって、これらの遠征が組織されなければならなかった精神的背景、これらの遠征の主役たちの心をいつも揺り動かしていた感情が明らかになってくる。そして、クレルモンでの教皇ウルバヌス二世の呼びかけから第一回十字軍の勧説、サラディンの恐怖に怯える東方キリスト教徒への援助、第三回十字軍とそのすぐあとにつづく十字軍を経て、第五回十字軍の前奏となり、なかでも第四回ラテラノ公会議で発布された決議が最も重要な位置を占めるテクストにいたるまで、一続きの史料が配列されている。

しかし、これらの呼びかけに対するキリスト教徒の応答については、別の種類の史料が明らかにしてくれる。その一つは叙事詩である。これらのなかで吟遊詩人《トルバドゥール》は教皇勅書から拝借したテーマを脚色し、それを聴衆である騎士たちのまえで叙唱し、彼らに十字架をとるように促す。例えば、第二回十字軍の前夜に書かれた叙事詩、リュトブフの『論争』――このなかでこの詩人は同時に、「十字軍誓願忌避者」を論駁している――がそれである。また、別のテクストは出発する十字軍士とあとに残された女性の感情を思いおこさせる。土地の入質文書と十字軍士の遺言書からなる二つのテクストは作成者のみならず、その他大勢の人々によって賛同された犠牲の証言をそのまま提供してくれる。聖ベルナールの『熟慮について』は十字軍の失敗がもたらした反応の一つ――たぶん、それは最も信頼できるものであろう――を読者に知らせてくれている。そして、一人はイスラーム教徒、一人はイラクのキリスト教徒からなる二人の東方人は、第三回十字軍に関して、数万の西ヨーロッパ人をパレスティナの海岸へと向かわせたこの運動を彼らがどのように理解していたかを教えてくれる。

最後に、聖ベルナールの『新しい騎士への讃歌』とジョワンヴィルの回想録は、十字軍精神とは何かを認識させてくれる。前者は世俗と「現世の騎士身分」との放棄が決定的なものとなる十字軍士の理想を読者に示してくれる。すなわち、騎士修道士、永遠の十字軍士がそれである。ジョワンヴィルのテクストは、日々の出来事が反映されているのであるが、いかにして十字軍士が十字軍を生き抜いたかについて今日収集しうる直接証言のなかで最も雄弁なものである(したがって、作家を職業とするアングロ=サクソン詩人アンブロウズの『聖戦の物語』よりも「文学性」は劣る)。またこれは、十字軍およびその試練のなかに巻き込まれたキリスト教徒の魂の頑強さを感得させてくれる最良のテクストの一つでもある。

第二部　テクスト

第一章　呼びかけ

1　十字軍への最初の呼びかけ（教皇ウルバヌス二世　一〇九五年）

クレルモン公会議

フーシェ・ド・シャルトルが伝えるところによると、[1]一〇九五年一一月二七日クレルモン公会議で教皇ウルバヌス二世が行った演説は参集した司教と修道院長に向けられた。まず、同教皇は彼らの情熱を呼びさますことから始め、信者の行動に関して彼らが負っている責任を想起させた。同教皇はシモニア、すなわちその本来の用途から外れてしまった、俗権による教会財産の横領と精力的に戦うことを彼らに命じた。同じく、同教皇は一部の地域に蔓延する社会的混乱を非常に暗く描き出し、違反者に対して破門を宣告し、「神の休戦」の遵守に目を光らせておくことを彼らに督励した。そして、同教皇は次のように演説を続けた。

――おお、神の子らよ。汝らは自国で平和を維持し、教会が各人の権利を堅持するのを助けると神に約束し、そしてこの約束をいつも以上の力で守りながら、神が汝らに送り給うた矯正の恩恵に与ったばかりであるが、もう一つ別の任務に勇気を注ぎ込むことによって、汝らは褒賞を受けることができる。これは神に直接関係すると同時に汝らにも関係する、そしてつい最近になって発生した任務である。東方諸国に定住し、そしてすでに何度も汝らの援助を懇請している兄弟たちの救援に躊躇なく赴くことが肝要である。

実際、汝らのほとんどがすでに知っているように、ペルシアから来た部族、トルコ人が兄弟たちの国々を侵略した。トルコ人は地中海まで、そしてより正確に言えば、「聖ゲオルギウスの腕」(2)と呼ばれるところまで進出してきている。ローマニー(3)内で彼らは七回もキリスト教徒を戦争でうち負かし、キリスト教徒の土地を犠牲に勢力を伸ばしつづけている。多くの者がトルコ人の刃にかかって倒れ、また多くの者は奴隷の身分に貶められた。これらトルコ人は教会を破壊している。彼らは神の王国を蹂躙している。

もし汝らが何もせず、今後もじっとしているならば、神の信者たちのもっと多くがこの侵略の犠牲になるであろう。それ故、われ——しかし、これを汝らに勧告するのはわれではなくて、主自らである——は、次のことを汝らに勧告し懇願する。それは、キリストの使者である汝ら(4)がすべての者たちに、その者が社会のいかなる階層に所属していようと、騎士であれ歩兵であれ、金持ちであれ貧乏であれ、汝らの弛まざる説教によってキリスト教徒の救援に即刻赴き、この忌まわしい民族を我々の領土から遠くへ押し返すよう説得することである。神がこれを命じているとわれはここに同席する人々に言う。そしてここに同席していない人々には、われはそのことを書簡で通知するであろう。

この救援に参加し、陸上であれ海上であれ、その途次で倒れる者すべてに、そして異教徒との戦いで落命する者すべてに罪が赦免されるであろう。そしてわれはこの赦免を、われが神から保有している権威によって、この徒行に参加する者たちに授与する。

もしこれほどまでに軽蔑され、堕落した悪魔の奴隷である民族が、神の信仰に専心し、キリスト教徒の名を誇りとする民族をうち負かすようなことがあれば、それは何という恥辱か。もし汝ら自身を含め、キリスト教徒の名に値する者を見いださないとするならば、主自らが汝らにいかなる非難を発することか。

したがって、今日まで信者に多大の損害を与え、不正な私戦に明け暮れていた者たちは異教徒との戦い――これは始められるに値し、そして勝利に終わらせるに値する戦いであるが――に参加せよ。これまでは強盗でしかなかった者たちは、これからはキリストの騎士となる。兄弟や親戚と戦っていた者たちも、今度は正当な権利として、野蛮人と戦う。端金で傭兵になっていた者たちがこれから手にするものは永遠の報酬である。心身ともに疲れ果ててしまった者は、これから二重の名誉のために働くことになる。ここでは彼らは悲惨で貧乏であった。しかし、彼の地では彼らは喜びに満ち、金持ちとなる。ここでは彼らは主の敵であった。しかし、彼の地では彼らは主の友となる。

出発を望む者は一刻の猶予も許されない。財産を担保に、旅に必要な費用を調達し、冬と春が過ぎると同時に、神のお導きに従って出発せよ。

(Foucher de Chartres, *Historia Hierosolymitana* (『エルサレム史』), in *Recueil des Historiens des croisades*,

Historiens occidentaux, t. III, pp. 323–4)

この演説のテクストは内容の違いを含んではいるが、他の数名の作家たち——ボドリ・ド・ブルグイユ、ギベール・ド・ノジャン、ロベール・ル・モワンヌ——によっても伝えられている。ロベール・ル・モワンヌが伝えているテクストはフーシェ・ド・シャルトルが収集した材料を引きのばしているように思われるが、それに加えて、彼は異教徒の存在が諸聖地に加えた汚れとキリスト教におけるエルサレムの位置に関する長い叙述を付け加えているし、西ヨーロッパのキリスト教徒が聖地で発見することになるヨーロッパの膨張の多様な可能性にも言及している。ロベールが、自己の確信に基づいて、これらの叙述を十字軍の成功後に付け加えたことはありうることである。これに対して、フーシェ・ド・シャルトル——彼自身は東方におけるフランク人の植民活動を高揚しなければならなかったのであるが——が伝えるテクストのどこにも、エルサレムへの言及を見いだせないのは意外に思われる（明らかにあとから書かれたと思われる、ボドリとギベールの叙述は除外できる）。もちろん、教皇がエルサレムを十字軍の目的地として提示したことを認めないわけにはいかない。すなわち、クレルモン公会議の決議条項の一つ[5]——その内容はフーシェによると、教皇ウルバヌス二世が演説の最初の部分を締めくくったものとして伝えられている決議条項テクストのそれと非常に近似している——は次のように記されている。「名誉や富を獲得しようとの野望によらず、信仰のみによって導かれ、神の教会を解放すべくエルサレムに向けて出発するすべての者は苦行としてのこの巡礼を成就した者とみなされるであろう[6]」と。

フランドル人への手紙

教皇ウルバヌス二世の意図に関するもう一つの情報が、フランドル人宛の彼の手紙のなかで、クレルモン演説よりも一層あらわな形で伝来している。

司教にして神の僕の僕、ウルバヌス〔二世〕はフランドルに住むすべての信者、諸侯と彼らの臣下たちに使徒の挨拶を送る。

兄弟たちよ。われは汝らが、野蛮人の狂気が信者たちを哀れにも虐待することによって、東方にある神の教会を荒廃させたこと、そしてさらに彼らはキリストの受難と復活で有名な聖都を占領し、そのなかの教会とともに耐えられない隷属の状態に陥らせたことを数々の報告によってすでに知っていると思う。このことは、恐怖なくして語れない事柄である。この不幸に対する憐憫から、われはフランスを訪問し、この国の諸侯の大半と彼らの臣下たちに対して、東方の教会を解放するよう懇請した。われは、われの代理として、われの親愛なる息子、ル・ピュイ司教アデマールをこの遠征と企画の長に任命した(7)。したがって、勇敢さからこの行進を企てようと望む者は彼の指令に、あたかもそれがわれの指令であるごとく、服従しなければならない。そして彼の行使する縛り解く権威に、それがこの企てに適切である限りにおいて、完全に従わなければならない。もし神が汝らにこの誓願を行うよう勧めたならば、その者たちは聖母マリアの被昇天の大祝日〔八月一五日〕に出発し、そしてこの企てに参加できるのも神の助けを得てのことであることを知るべし。

(H. Hagenmeyer, *Die Kreuzzügsbriefe ausden Jahrn 1088–1100*,(『十字軍書簡(一〇八八年—一一〇〇年)』), Innsbruck, 1901, pp. 136–7)

2　危機に直面した教会(教皇エウゲニウス三世　一一四六年)

教皇エウゲニウス三世の勅書「前任者たちはなんと Quantum predecessores」は、一一四四年アターベクのゼンギがキリスト教徒から奪取したエデッサの陥落後、フランス王ルイ七世に宛てられた。それは、一〇九五年以降キリスト教世界に獲得されていた領土を維持するというキリスト教徒の義務と、エデッサが異教徒に決して服属したことのない事実を強調する。そしてそれは、十字軍の軍隊が苦行者の軍隊でなければならないとの規定をはじめて明白な形で提示してもいる。

司教にして神の僕の僕、エウゲニウス〔三世〕が、われのことのほか親愛なる息子、フランス人の高名で光輝に満ちたルイ〔七世〕王とその親愛なる息子たち、そしてフランスに住む、神のすべての信者に使徒の挨拶を送る。

われわれは古い時代の人々の書物から学び、そしてわれわれの前任者たち、ローマの歴代司教が東方の教会の解放のために断行したすべてのことがそれらの書物に記されているのを知った。われわれの前任者、誉れ高きウルバヌス〔二世〕はローマの聖なる教会の息子たちを世界の隅々からこの解放に参集させるべく、らっぱを高らかに吹奏した。我々の救世主が我々のために苦難を快く受けられ、その栄光に満ちた墳墓を受難の思い出とともに我々に残されたこの都市を異教の汚れから解放すべく、アルプス山脈以北の人々、そして特にフランス王国およびイタリアの非常に元気で勇敢な者たちが激しい愛に燃え、彼の呼びかけに応えて集まった。彼らは大きな軍隊に結集し、この都市を（簡潔を期して名前を挙げることを差し控えねばならないその他いくつかの都市とともに）、自らの血を多く流しはしたが、同行した神の助けを得て解放した。これらの都市はキリスト教徒によって堅持されてきた。そして、キリスト教徒は異教徒によって占領されてきた残余の都市も征服した。そしてこれらのことは、神の恩寵と幾度もそれらの国々を防衛するために、そしてそこにおいてキリストの名を可能な限り遠くまで広めるために全力を投入した汝らの父親たちの熱意とによって実現された。

しかし今日、都市エデッサ——この都市は我々の言葉でロエと呼ばれ、聞くところによると、キリスト教徒の支配下に止まり、そしてすべての東方の土地が異教徒に占領されてしまったときでも、主に仕える唯一の都市であり続けた——がキリストの十字架の敵によって奪取されてしまったのは——深刻に苦しみ呻吟することなしに、これを告白することがわれわれにはできないのであるが——、われわれの罪とこのキリスト教徒の罪の所為である。この都市とともに、キリスト教徒に帰属する多くの城塞が今や異教徒の手に落ちた。この都市の大司教、彼に仕える聖職者、その他大勢のキリスト教徒がそこで虐殺された。聖者の聖遺物も異教徒によって蹂躪され散逸してしまった。

われわれは神の教会とキリスト教世界全体が陥っている危機がいかに深刻であるかを知っているし、

汝らの英知からそれらを隠蔽しうるとは思っていない。もし息子たちの勇気が父親たちの果敢さによって征服されたものを堅持しうるならば、それは汝らの高貴さと勇敢さの紛れもない証明になろう。しかし、あってはならないことであるが、もしその反対であるならば、息子たちの勇気は父親たちの勇敢さの高みに到達していないと結論しなければならないのではなかろうか。

朕は神とともにあるすべての者たち、そして特に最も強力にして最も高貴な者たちに勇敢に武器をとらせるよう汝らすべてに督促、懇請し、そして主において命令すると同時に、汝らの罪の赦免として厳命する。キリスト教徒との戦争でほとんど常勝してきたと豪語するこの異教徒の大群の前に進軍すること、そしてわれがすでに語ったごとく、大量の流血の代償を伴って父親たちが異教徒の抑圧から解放したこの東方の教会を防衛すること、また捕虜となっている何千という数にのぼる我々の兄弟たちを異教徒の手から解放すること、このことすべてにおいてキリスト教徒の名の威厳が我々の時代においてより大きなものとして現れること、そして全世界に周知した汝らの勇気の評判が翳ることのないこと、子供や両親とともに死をまえにして些かも怯まなかったこと、そして祖先の掟を守り通すべくこの世で所有するものすべてを潔く捨てた勇敢なマタティアスが汝らの手本になることを、われは汝らにお願いする。神のご加護と多くの苦難を経て、マタティアスの家族は彼らの勇気によって、最後には彼らの敵に勝利したのである。

他方、われはあたかも父親がそうするごとく、汝らの安全とこの教会の荒廃がとても心配である。同じく、われはかくも神聖にして不可欠なこの仕事を企て、成功させようと決意した者たちに、彼らが信仰のみに導かれている限りにおいて、すでに言及したわれの前任者ウルバヌス〔二世〕の創設したこの罪の赦免を、神がわれに与えた権威によって付与し確認する。われは彼らの妻、子供たち、土地、その他の財産が神聖な教会、われ、大司教、司教、神の教会の残余の高位聖職者の保護下に置かれることを決定した。そして使徒の権威によって、われは彼らが十字架をとるときに異議なく所有していたものに関して、彼らの帰還または死亡が確定するまで、彼らに不安を与えることを禁止する。

他方、神に仕える者は高価な衣服、外見の美しさ、猟犬、鷹、そしてその他娯楽に駆りたてるものすべてに執着してはならない。われは汝らの英知を信頼し、この企てに参加する者は銀鼠色または灰色の衣服、金・銀で飾られた武器を身につけないよう、そして武器、馬、そして敵をうち負かすに必要なものすべてを調達することに力と注意を費やすよう汝らに督励する。

負債を抱える者は、もし純粋な心で(8)この巡礼を企てるならば、その負債の延滞金を支払う必要はない。もし彼らが宣誓によって、または信を約束することによって債権者に支払いを確約するならば、朕は使徒の権威によって、彼らまたは彼らの保証人をこれらの義務から解放する。

同様に、出発する者は親戚や封主が正式の打診に際して、資金を貸与することを望まないか、それができない場合、彼らの土地やその他の所有物を自由に、そして異議を唱えられることなく、教会、聖職者、その他の信者に担保として預けることができる(9)。

最後に、われは神がわれに付与している全能の神の権威と使徒のなかの使徒、聖ペテロの権威によって、罪の赦免と贖宥を、それらがわれのすぐ前の前任者によって設置されたものと同じように、彼らに従ってかくも神聖な巡礼を敬虔に企て、それを成就するかその途中で倒れる者は、もし悔い改めた謙虚な心で罪を告白するならば、すべての罪の赦免を獲得するであろう。そしてその者はすべての者に報酬を授ける主から、永遠の報酬の果実を受け取るであろう。
（一一四六年）三月一日、 テベレ川右岸において発信

（Erich Caspar, *Die Kreuzzügsbullen Eugens III*（『教皇エウゲニウス三世の十字軍勅書』）, in *Neues Archiv*, 1923 によって復元・刊行されたテクスト。これは、一一四五年一二月一日に同教皇によって布告された文書のテクストとは若干異なる。）

3 キリストの愛のための戦い（教皇アレクサンデル三世 一一六九年）

教皇アレクサンデル三世の勅書「すべてのなかで Inter omnia」は、ラテン王国にとって特に深刻な時期、シリアのイスラーム教徒がファーティマ朝を打倒し、エジプトを占領したばかりのとき、エルサレム王アモリと同総大主教から派遣された大使の到着の翌日に作成された。聖地のラテン人はシリア人を追放し、自らの手でエジプトを征服するための戦闘を企てることを計画していた。教皇アレクサンデル三世は東方のラテン諸国の存続にとってこの計画がもつ重要性を理解させようとし、新しい形で十字軍の贖宥を表明するほうへと動く。

一 司教にして神の僕の僕、アレクサンデル〔三世〕はこの手紙が宛てられている、われの親愛なる

息子たち、貴族、騎士、キリストのすべての信者に使徒の挨拶と祝福を送る。

神の英知は、愛がこの世の諸々の出来事のなかで実践されるべく、多くの手段を用意した。しかし美徳によってより多くの栄光がもたらされ、報酬によってより多くの成果があげられ、この愛が思う存分実行される領域を異教徒の攻撃から守り、それ故、神への信仰が彼の地において途絶えることが阻止され、兄弟愛の美徳が彼の地で燦然と輝きうるために、今苦境にある東方の教会とキリストの信者に差し伸べねばならない援助以外に見いだすことは困難であろう。神の意思は苦難のなかにいる信者たちの心を和らげることであり、そして野蛮人の残酷さを排斥する以外のなにものでもありえない。しかし、神の意思は呻吟する人々の叫び声が聞こえないふりをし、そして彼らのなかに目覚めた人、神を求める人(10)がいないのか否か、そして神の愛の刻印が魂のなかに刻まれているか否かを見定めるために、兄弟たちが兄弟たちの眼前で深い悲しみに苦しむのを放置しておられる。

もし人間と天使の創造主が天から実際に降りてくるならば、そしてもしその方が役立たずの奉仕者の救済のために十字架の苦しみを受けることを厭わないならば、今や生きている者が自分のために生きるのではなく、我々のために死に、復活し(11)、神への香りのよい供え物として(12)自らを捧げることによって、我々のために自らを犠牲にしたキリストのために生きることしか残されていない。

キリストの信者たちは、神の恩寵によって獲得されたこの地の防衛のために、そしてキリスト教の信仰がその地で維持されうるために、大量の流血という代償を何度も払い、すでにひどく苦しみ、そして苦しんできた。かつて彼の地はキリスト教徒が犯した罪の故に、サラセン人の手中に落ちていた。勇敢な人々は立ち上がり、異教徒を殲滅するか逃走させ、主の墳墓をすべての信者に近づかせることで、この地をキリストの信仰に返し、そこに信仰の旗を掲げた。しかし今日、そこの人口は減少している。住民は繰り返される試練で衰弱し、戦争中に蒙った敗北で疲弊してしまっている。もし兄弟愛によってその救援に赴かないなら、住民は恐らく最後の危機に直面することになろう。彼らはこれまで西ヨーロッパ諸国から受けてきた援助を再び要求している。彼らはわれの声を通して、あたかも神自らがわれの口を借りて汝らに語りかけるごとく、われにこの救援の呼びかけをもたらしたわれの尊敬すべき兄弟、ティル大司教とパーニャース司教、そしてわれの親愛なる息子、歓待《オピタル》修道会の管区長と貴族A・ド・ランダストの声を介して、汝らに哀願している。彼らはこの援助から、今後再び救援の呼びかけをする必要がなくなるに十分な利益を引き出すことを希望している。また、もし兄弟愛の支援が起こらないか遅れることがあれば、彼らは絶体絶命の危機に晒されるであろう。それは、彼らが決定的瞬間を迎えると思われるからである。すなわち、敵がその攻撃に抗することができないほど強力な勢力を獲得するか、さもなくば各自がそれぞれの庭で平和に暮らせるか(13)、または汝らの子供たちが再び彼らの救援に赴く義務から解放されるほどにキリスト教徒の勇気が強化されるかのどちらかである(14)。

われはこの予想されうる危険に恐怖し、要請された援軍を派遣する必要性を痛感する。したがって、われは汝らすべてを勧誘し、主の御名において激励し、主が生まれ死に復活することによって、ご自身に向けられた愛のためにすべての者の救済を果たそうとされたこの地の救援に赴く準備をするよう汝らに——汝らの罪の赦免として——命令する。汝らのなかで自らによって、または財産を出資することによってそうすることができる者は、出発を遅らせるものすべてを排除せよ。彼らはわれの兄弟たちの救済に身体をはることに戸惑ってはいけない。そうすることによって、キリストの御名の栄光のために、かくも多くの血が流され、父親たちによって獲得されたものが汝らの苦労と熱意によって確保され防衛されるのである。

　われ自身も汝らの心遣いに使徒の恵みを与える。われは神の愛のためにこの遠征を企て、力に応じてそれを成就しようとする者に、われが神から保有する権威によって、司祭を通じて科せられた苦行の赦免を、それがわれの父にして誉れ高き前任者ウルバヌス〔二世〕とエウゲニウス〔三世〕によって設けられたものと同じものとして、次の条件に従って付与する。彼の地の防衛に参加することができ、そしてこの奉仕に全力投入できるが故に、改悛の秘蹟を受けたあと、彼の地の防衛に献身しながら二年間そこに滞在し、そしてその国の王や諸侯の命令に従って、キリストの愛のために戦いの労苦に耐える者は誰でも、科せられた苦行の赦免を獲得することを喜ぶことができよう。もし彼が悔い改めた心で、そして要求された贖罪文を口ずさみながらこの徒行を完了するならば、この徒行は罪の赦免の代償の役割を果たすであろう。ただし、それは掠奪、窃盗、高利貸しの罪を犯していないことを条件とする。もしそうであれば、そしてとったものを返還できる状態にあれば、返還後でないと罪から解放されないであろう（返還できない場合でも、改悛の秘蹟で十分罪は赦免される）。

　しかし、一年しか［聖地に］滞在しない者は、科せられた償いの半分に関する赦免を使徒の権威によって獲得するであろう。[15]

そして、いかなる者も、悪意に満ちた者たちの陰謀によってその敬虔な願望の達成を思い止まることのないよう、われは十字架をとる者たちの家族と財産を聖ペテロの保護下に置き、そしてわれはそれらをわれの庇護と教会の高位聖職者たちの庇護下で守り、使徒の権威によって彼らの財産が彼らに平穏に止まることを宣言する。彼らが十字架をとるときから帰還するまで、または彼らの死が確実に伝えられるまで、それらに関していかなる異議の申し立ても認められない。他人から借金したとしても、純粋な心からこの徒行を企てる者は延滞金を払う必要はない。もし彼らの親戚や封主が、正式に打診を受け、金を貸すことを望まないか、それができなかった場合、いかなる異議にあうこともなく、自由にその土地やその他の財産を教会、聖職者、その他の信者に担保として使用することが許される。

加えて、われは現状況下で主の墳墓を訪問する者すべてに、死が途中で彼らを待ち伏せていようと、彼らが目的を達成しようと、この人生の苦しみのあとに彼らが永遠の生命を獲得するに値するようになるべく、苦行として、服従のしるしとして、そしてすべての罪の赦免のために、この巡礼を実行するよう命じる。

（一一六九年）七月二九日、　ベネヴェントにおいて発信

（J. Migne, *Patrologiae cursus completus. Patres...ecclesiae latinae*（『教父著作全集・ラテン教会教父の部』）, t. 200, col. 599–601）

4　苦行への誘い（教皇グレゴリウス八世　一一八七年）

一一八七年七月三日にハッチンで蒙ったエルサレム王軍の敗北、つづく一〇月二日に起きた聖都の陥落は十字軍に新しい衝撃と性格を与えることになった。なぜなら、苦境にたつ東方キリスト教徒の救援はもはや問題とはならず、異教徒の手に再び落ちた諸聖地の解放のみが問題となるので。

教皇グレゴリウス八世の勅書「決してより良い Nunquam melius」はエルサレム陥落の知らせが西ヨーロッパに届くまえに出された。しかし、西ヨーロッパの人々はサラセン人による聖地侵入と国王軍の壊滅をすでに知っていた。したがって、私たちは東方から届いた悲惨な報告への教皇による即座の対応をここにみることができる。キリスト教徒の罪によって引き起こされた神の怒りを鎮めるための苦行断食の宣言(16)がそれである。

司教にして神の僕の僕、グレゴリウス〔八世〕はこの手紙を受け取るキリストのすべての信者に使徒の挨拶と祝福を送る。

神の命令に従い、我々の内にある肉欲を消し去るとき以上に、最高審判者の怒りが鎮められることはこれまでなかった。われはエルサレムの地が被った（サラセン人の侵入によってもたらされた）惨事が特にこの地方に住む人々と全キリスト教徒の罪によって引き起こされたことを疑わない。

したがって、われのすべての兄弟たち（枢機卿）と一致して、そして多数の司教たちの承認を得て、すべてのキリスト教徒が四旬節の間に許されている食物のみをとることで、毎週金曜日の断食を五年間行うこと、そしてミサが執行される場所では第九時課〔午後三時〕に聖歌が歌われ、それが待降節からクリスマスまで続けられること、さらに水曜日と土曜日、すべての健常者が肉食を断つように命令する。他方、われとわれの兄弟たちも同様に、我々自身と教会において月曜日の肉の食用を禁止するが、病気、大祝日、その他明白な理由によって妨げられる場合は別とする。われはそうすることによって、神が我々を許し給い、我々に神の祝福を残しておかれることを願うのみである。同様に、われはこれらの決定に違反した者は四旬節の断食の違反者とみなされることを決定した。

（一一八七年）一〇月二九日、フェララにおいて発信

(J. Migne, *Patrologiae cursus completus. Patres...ecclesiae latinae*（『教父著作全集・ラテン教会教父の部』）, t. 202, col. 1539)

5　不敬者たちに汚されたエルサレム（教皇ケレスティヌス三世　一一九七年）

教皇ケレスティヌス三世の勅書「撃退されるべき Cum ad propulsandam」は皇帝ハインリヒ六世が政治的下心を抱いてではあったが、自ら率先して十字架をとったそのときに出されている。同教皇はキリスト教徒の罪によって引き起こされた諸聖地の汚辱と「真の十字架」の強奪によって具現された神の怒

りのテーマを持ち出す。彼はイングランドへの教皇特使に聖職者には祈りを捧げること、そして俗人には諸聖地の解放のために武装することを説く。しかし同教皇は、先の遠征がもたらした成功が微々たることを想起させ、武器の力による勝利よりも謙虚さの勝利を期待することを十字軍士に呼びかけた。最後に、彼は十字軍士に付与される贖宥を金銭面で十字軍に貢献する者たちにも付与しているが、これはまったく新しい試みである。

司教にして神の僕の僕、ケレスティヌス〔三世〕は、朕の尊敬すべき兄弟で教皇庁の特使、カンタベリ大司教ヒューバートとその属司教たち、そして彼の親愛なる息子たちであるカンタベリ大司教管区に帰属する高位聖職者たちに使徒の挨拶と祝福を送る。

慈悲深い主は人間の堕落を自らの仁慈で救うべく、聖母マリアの胎内で人間の姿になられることを厭わなかった。そして主は死の試練を受けることを甘受した。主は死をもって我々を闇と死の影から救出し、我々の過ちの当然の報いであるにもかかわらず、我々を再び敵の手に委ねることを望まれなかったので、主はその犠牲となった息子たちの一人一人を、彼らに慈悲を行うべく、懲らしめている。我々の過ちと罪がより大きな罰を受けるに値することを認識し、我々がよりよい生活を自分のものとするよう努力するために、主は我々に警告を発したり、我々を叩いたりしている。

今日、我々の同時代人の悪意が異常な高みにまで達し、聖書の警告も我々の弱さに加えられた罰も我々には理解できなくなっていることは明白である。

それ故、主は我々に罰を加えることを望まれた。そして、お生まれになった土地を異教徒たちに引き渡されたのである（これを言うとき、我々の心が悲しみで一杯にならないことはないのであるが）。それ故、そのことを知ったとき、我々の預言者とともに、「おお神よ。異国の民があなたの嗣業を襲った」[17]と呻吟した。そして、われは我々のある者たちが自分に立ち戻るようさらに一層促すべく、諸聖人の遺体が天を舞う鳥の餌として与えられ、彼らの血が地上の動物の飲み物として与えられることも知っていた[18]。さらに、われは供物のパンのための食卓があった場所にサラセン人が娼婦の巣窟を造り、キリストのご遺体が埋められ、信者たちが参詣に来ていた場所に厩舎が今でも建っていたりし、荒廃の嫌悪すべき状態が聖地を覆い尽くしているのを知った。

救済の象徴そのものであるいと聖なる木の十字架。使徒はそれを誇り、「しかし、この私には、私の主イエス・キリストの十字架のほかに、誇るものが決してあってはなりません」[19]と言っていた。我々の救済、我々の生命、我々の再生が宿るこの木。それによって我々が救われ、解放されるこの木。しかし、今やこの木は十字架にかけられた人と同時に十字架を憎み、そして総力をあげて教会の子供たちを迫害する人々の手中に再び落ちてしまった。

そして最後に、かつて我々の父親たちに約束された土地と平和の象徴であるエルサレム。主が我々のために苦しみ、そしてその神聖の明確な証拠を明らかにしようとされたエルサレム。キリストの信仰の信徒たちが絶え間なく熱心に参詣していたエルサレム。今やエルサレムは不敬者に蹂躙され、そして彼らの卑劣な行為によって汚されてしまった。かつて彼らにとってエルサレムは不安と恐怖の対象であったのであるが、栄光と富を奪いとられ、そこに住んでいた聖職者を失い、そこで暮らしていた信者をなくし、エルサレムはうずくまって呻吟している。「なに故、ひとりで座っているのか、人に溢れていたこの都が。やもめになってしまったのか、多くの民の女王であったこの都が[20]」。

このような荒廃を思い浮かべ、キリスト教徒の誰が涙を堪えることができようか。したがって、このような惨禍を知って呻吟する鳩の嘆きに共鳴しない者がいようか。涙をすべて流しても、誰にも教会を慰めることができないとき、この異常な苦しみのなかでいかなる慰みを享受することができるのか。

それ故、われの兄弟たちよ。神の言葉とその栄光を人々に説きに行くべく帯を締めなおせ。信仰の迫害者に向かって地上の剣を使用する義務を持つ者たちも、迫害者たちに相応しい罰を即刻加えることによって、十字架に加えられた侮辱を晴らすべく帯を締めなおせ。祈りと観想のみに従事することが義務として科せられている者たちも、彼らの真剣な祈りが主の怒りを鎮めることができる故、同様に帯を締めなおせ。今こそこの試練のなかで「そら。サタンは、ちょうど小麦をふるいにかけるごとく、私たちをふるいにかけるべく私たちを求めている[21]」のである。

今キリストとともにいない者は、福音書にあるごとく、キリストに敵対する者となる。十字架の人に加えられた屈辱がこれまで心に痛みを与えたことのない者は、救済の別のしるしに託身できることを信じないのか。そして我々は、槍や剣によってサラセン人と戦うべくすでに出発した何人かの地上の王がいまだほとんど何も獲得していないことに驚きはしない[22]。神が神の善意に身を捧げる者たちを救うのは槍でも剣でもなく、限りなく大きな仁慈によってである。

その上、我々の功徳が高められるのは、我々に怒っている神が我々を許し、我々を癒し給うように仕向けることである。かつてイスラエルの子供たちに起きたことを思い出すがよい。エフライム山に住むレビ人の妻を殺したことでベンヤミン族を罰すべく、彼らが主の呼びかけに応じて、この部族に対して武器をとったとき、二回の敗走後、さらに自己の過ちと不正とを償ってしまったあとでないと、彼らは勝利することができなかったではないか。[23] したがって、誠に親愛なる汝らよ。神の心に達するまで汝らの望徳を高めよ。そうすることによって、主がその奇蹟のなかで高められるであろう。神のまえで汝らの心を謙虚にせよ。そうすれば、神は汝らに憐れみを与え、汝らのために怒りの只中でその慈悲を守り、そして嵐と涙のあとに、神は我々に輝かしい喜びを与え給うであろう。

それ故、今日までキリスト教徒の世界のなかだけで武器をとっていた者たちは、十字架のしるしを身につけよ。そしてたとえ少人数であったとしても、絶望してはならない。また反対にあまりにも大勢であったとしても、それに驕ってはならない。もし彼らがキリストが生まれ、苦しみを受け、復活し、昇天したその地を防衛すべく、相応しい謙虚さでもって即刻出発することに心から同意するならば、全軍の破壊者である主――ファラオンの戦車と軍隊を海中に沈めてしまった――は「彼らの手に闘う術を、彼らの指に戦する術を教え」[24]、そして一吹きの息で異教徒の群れを「風のまえのわらのように」[25] 追い散らすであろう。このようにして、神は彼らを泥のように押し潰すのである。

他方、兄弟である汝ら大司教と司教よ。汝らは使徒の座につづき、すべての者の配慮とすべての魂の世話が委ねられている。今すぐ祈りを主に捧げ、服属する人々に熱心に説教し、彼らに十字架をとることを勧め、キリスト教の信仰の迫害者たちを啞然とさせ、鎮圧すべく武器をとるようにさせなさい。われれは、汝らが説教し祈るとき、主がその網を投げること、そして主によって東方の属州を防衛するよう促された人々が彼らが武器に託す信頼よりも彼らの善行の力によって神が立ち上がって目のまえで敵を追い散らすようにさせるほどの者たちであることを望む――汝らもそのように願わねばならない――。

われれは神の愛によって、この遠征の重責を引き受けるであろう。そしてわれれは全力を傾注して、それをよい方向へ導こうと努力する者に、神がわれれに委ねた権威によって、われれの前任者たちが設置した、彼らに科せられた苦行の赦免そのものを、司祭を介して付与するであろう。謙虚にして悔い改めた心でこの遠征を企てる者は、もし信仰のなかで、そして犯した罪を悔いながら息絶えるならば、自己の過ちの完全な贖宥を享受し、そしてそれ故、永遠の生命へと入るであろう。生き残ろうと倒れようと、彼らは全能の神の慈悲と聖なる使徒ペテロとパウロの権威により、正式に告白したすべての罪に対して科せられた償いの免除を獲得したことを知るであろう。

十字架をとったが故に、彼らの財産と家族はローマの聖なる教会と神の教会の大司教とその他の高位聖職者の保護下に置かれるであろう。そしていかなる者も彼らの帰還または死亡が確定するまでは、彼らが十字架をとった時点で所有していたものに関して彼らを不安にしてはならない。その時まで、彼らの財産は無疵のまま彼らの平穏な所有のうちに止まらねばならない。

聖地を救済すべく財産の一部を処分した者に関しても、彼らは所属する高位聖職者の決定に従って、彼らの過ちの赦免を享受するであろう。

使徒の座がイングランド特使の役割を付した汝、兄弟である大司教よ。われはこの役割に応じた仕事を汝に科す。われは汝に督励を繰り返すことによって、キリストとともにいるわれのいと親愛なる息子、イングランドの高名な王、リチャード〔一世〕から、エルサレム王国の防衛のために十分装備された騎士と歩兵を派遣する約束を取り付けるよう命令する。同じく、われはイングランド王国を隅々まで巡回し、説教が当を得たものであれそうでないものであれ、この王国の住民がキリスト教世界を防衛すべく十字架をとり、海外の地を訪れるよう懇願することを汝に命令する。

兄弟である司教たち、そして同じくわれの親愛なる息子たちの高位聖職者たちよ。われはこの手紙によって汝らの大司教を使徒の特使の資格で歓迎し、敬意をもって遇し、彼の指示と有益な指令に従うよう命令する。

（一一九五年）われの教皇在位五年目、七月二五日、ラテラノにおいて発信

(J. Migne, *Patrologiae cursus completus. Patres...ecclesiae latinae*（『教父著作全集・ラテン教会教父の部』), t. 206, col. 1107–1110)

6　スルターンに宛てて（教皇インノケンティウス三世　一二一三年）

教皇インノケンティウス三世によって彼の登位後、新たに二つの十字軍結成が勧説された。第四回十字軍（一一九八年に宣言され、一二〇二年にヴェネツィアを出発）は十字軍の兵力と財政に関する誤っ

た予測によってザラ、つづいてコンスタンティノープルへと方向転換させられた。そしてビザンツ帝国内でのラテン帝国の出現は、たとえそれが新しい帝国によって聖地にもたらされる救援に過度の期待を抱かせたとしても、期待はずれであったことがすぐに判明した。一二〇九年に出発したアルビジュワ派に対する十字軍は聖地に向けられなかった。しかし、一二一二年の「子供十字軍」は聖地の解放に好意的な民衆の感情の深さを明らかにした。たとえ若き十字軍士がこの遠征を非武装の巡礼者のみによって企てられた、そして苦行の武器で神の怒りを和らげるための巡礼としかみなしていなかったとしても。

一二一三年の勅書「より大きな Quia major」によって、教皇インノケンティウス三世は再び十字軍の結成をキリスト教徒に勧説しようとしていた。しかしここにそのテクストを紹介する、エルサレム総大主教宛の彼の手紙は謙虚さのみが神の怒りを和らげ、神から諸聖地の解放を達成できるとの観念が獲得していた重要性について証言している。こうして、同教皇はそのプログラムが十字軍にとって大きな重要性を占めることになる公会議の開催を準備しているとき、同総大主教に対して聖地のラテン人を苦行に駆りたてるだけでは満足しない。同教皇は手紙をスルターンのサイフ・アル・ディン・アル・アディルに手渡す役目を同総大主教に委ねる。そのなかでこのスルターンに対して、彼が平和的に聖地をキリスト教徒に返還する気持ちになることを条件に、恒常的平和と十字軍の終結を提案する。

司教にして神の僕の僕、インノケンティウス〔三世〕はわれの尊敬すべき兄弟、エルサレム総大主教で使徒の座の特使に、使徒の挨拶と祝福を送る。

われはすべての人々の幸福のために聖地の救援に赴くべく、天啓によって神聖で敬虔な計画を立て、そしてこの計画を成功に導くよう努力している。われはほとんどすべてのキリスト教諸国に宛てたわれの回状を読むことによって、その計画を十分に理解するであろう。われは誰よりもそれを熱心に希望していたので、喜びも一入《ひとしお》であろう。しかしこの地方の一部の住民による非常に好ましくない行為はこの有益な計画の実現を妨げるか、またはただ遅らせる危険を孕んでいる。なぜなら、彼らの好ましくない行動は神を寛容よりも怒りへと向かわせているので。したがって、兄弟よ、われは汝の思慮を信頼し、賢明な医師のごとく、彼らの致命的傷を癒すべく種々の方法を駆使し、汝の有益な忠告に従って、神の治療の効果を感得させる神の美徳の薬を飲むことを彼らに承認させたならば、彼らを真の苦行へ導くよう努力することを汝に懇願する。

サラセン人の徹底した頑強さは、キリスト教徒の謙虚な祈りによって一度も和らげられたことがない。しかし我々の謙虚さを高慢な者たちに抵抗し、謙虚な人々に恩寵を施す神にみせるべく、われは思慮深く神を恐れる人々の助言を聞き入れ、キリストの遺産を掌握しているダマスカスとカイロのスルターンを、汝がこれから目にする朕の手紙に書かれた言葉でもって謙虚に説諭してもらいたく手紙をしたためた。なぜなら、彼がいかなる状況に我々が置かれているのかを知ったとき——しかし、どうしてこれらの状況が彼に隠されたままにしておられようか——、たぶん、全能の神が自らの心配を彼に感じさせるであろう。そして彼は自発的に——なぜならば、やさしく懇願されているので——、彼の意図に逆らって、そうしなければならない状況下にむりやり置かれるであろう。したがって、われはわれの考えへ彼を導こうと努める思慮ある忠誠な者たちをわれの使者たちとともに、彼のもとへ派遣することを希望し命令する。

しかし、キリストにおいて親愛なるわれの息子、エルサレム王ジャンと歓待修道会《オピタル》および神殿修道会《タンプル》の兄弟たちに伝え、そしていかなる不幸もこの地を苦しめることのないように——これは神が喜び給うことであるが——、そして神の慈悲を絶えず祈りながら、巡礼者とこの地方の人々の助けを得て、この土地を防衛し守備するよう彼らに督励しなさい。

われは汝にわれのそばにいてもらいたいと同時に、この有益な計画の実現に汝が最適任と考える。したがって、われは汝の兄弟愛に対して、汝宛の使徒の手紙によって、汝が聖地に重大な危険を蒙らせることなくしてできるならば、朕が全世界公会議の開催のために決定した日時に努めて来訪するよう要望する。助言にとみ、保証された忠誠心の持ち主で、状況、原因、時期、場所に精通した者たちを伴って、できる限り速やかに来られよ。それ故、より多くの情報を得ることで、主の遺産を解放するためにより有益に働くことができるであろう。最後に、キリストにおいて尊敬すべき兄弟よ。いと正しき審判者といと善き父のもとにいるわれに、今われが非常に必要としている汝の祈りの助けを与えよ。

＊

高貴なダマスカスとカイロのスルターン、サイフ・アル・ディン・アル・アディルに神の名を恐れ愛することを願う。

われは預言者ダニエルの証言により、時を変え、王国を交代させる神が天におられることを知った。したがって、すべての人々は神が人間の王国に対してすべての力を持っていること、そしてその力を望む者に与えることを知っているエルサレムとその王国が汝の兄弟[26]に引き渡されるのを許し給うとき、神はそれを自身の美徳としてよりも、怒った神に対してキリスト教徒が犯した罪としてはっきりと示された。しかし、今日我々は神が我々を憐れみ給うことを切望している。なぜなら、我々は預言者ダニエルによると、怒っているときでも慈悲を忘れることのない神のもとへ再び戻ってきているので。

われは神が福音書のなかで自らについて、「私は柔和で謙遜な者だから、私の軛《くびき》を負い、私に学びなさい[27]」と語るとき、我々に示されたこの手本に従いたい。したがって、われはへりくだった心で、より賢明な助言を受け入れ、我々にこの地を返還するようあなたに懇願する。それはこの地の占領が人間の血の新たな流出の原因にならないためである。この占領から、たぶん、あなたは空虚な栄光以外には利益よりも困難しか引き出さないでしょう。あなたがそれを返還したとき、そして双方の捕虜が解放されたならば、われはこれまでの戦争が生み出した悲惨のすべてを忘れてしまうでしょう。それは、我々の同胞で、あなたの国に住んでいる人々の状況がわれの国に住むあなたの同胞のそれより悪くならないためである。

われは書簡を持参する者たちを敬意をもって遇し、丁寧に迎え入れることをあなたに要望する。そして、われは好意的返信を彼らに手渡すようあなたにお願いする。

（J. Migne, *Patrologiae cursus completsu. Patres...ecclesiae latinae*（『教父著作全集・ラテン教会教父の部』）, t. 216, col. 830–832）

7　死のまどろみからの脱出（教皇インノケンティウス三世　一二一三年）

一二一三年春に出された回状、「より大きな Quia major」は第五回十字軍の勧説を告げている。それはメシア的期待感を反映している。換言するならば、人々はイスラーム教の終焉を期待している。この手紙はすでに古くなったテーマを再び取り上げている。すなわち、神が救済を得る手段として信者に十字軍を提唱するというテーマである。そこには東方のラテン人に対する兄弟愛への呼びかけと同時に、封主が封臣の奉仕を頼りとするごとく、神が信者の奉仕を期待しているに違いないとの考えが読みとれる。そして、序文はキリスト教徒間の平和の呼びかけで終わっている。(28)

司教にして神の僕の僕、インノケンティウス〔三世〕が、マインツ司教管区のキリストのすべての信者に。

かつてないほどに切迫した必要は聖地の救援に赴くことであり、この救援に関して、これまでにないほどの大成功を期待しなければならない。したがって、十字架上で死ぬ際、大きな叫び声を上げたその人――この方は十字架上での死にいたるまで父である神に服従しつづけ、そして永遠の死の苦しみを我々に避けさせるべく神へ叫びつづけた――の名において、再び汝らに向かって叫ぶ。そしてその人は自ら叫びながら、「もし誰かが私の後につづいてくることを切望するならば、その者は己を捨て、自分の十字架を担い、私についてきなさい」と我々に言っている。それは「私についてきて、王冠を手に入れることを望む者は、試されるべく、同じく、今すべての者に問いかけられている戦いで私についてくることである」ということである。

全能の神はもしそうすることをかつて望んだのであれば、この土地をそれが敵の手に落ちないように防衛することができたであろう。もし全能の神が今それを望むなら、この地を彼らの手から容易に解放することができよう。なぜなら、いかなる者も神の意思に抗することができないので。しかし、今日不正が蔓延し、多くの者の愛が冷え切ってしまっている。それ故、神はその信者たちに死の眠りを断ち切り、彼らの生命に関心を向けさせるべく、この戦いを提唱するのである。この戦いのなかで、金を火焔のなかで試すごとく、彼らにその生命を自力によって救う機会、もっとよく言うならば、救われる理由を与えることで、神は彼らの信仰を試すであろう。神のために忠実に戦った者は神において幸せのなかで冠を戴き、このような苦境のなかで奉仕者が負うべき奉仕を拒絶した者は最後の審判で厳正な有罪の判決を受けるに値するであろう。

おお。絶好の機会よ。悔悛し、聖地の解放のために十字架にかけられた人に仕えるべく、いかに多くの者たちが殉教者のごとく栄光の冠を獲得したことか。さもなくば、肉欲と物欲の湖に浸り、罪のなかで滅んでいったことであろう。そこに、イエス・キリストがずっと以前から用い、そしてこのような状況下で信者を救うために再び取り上げられた方法がある。

もし自分の王国から敵によって追放されたのが地上の王で、そしてもし彼の封臣たちが身体と財産とを彼のために投げ出さないならば、彼は忠誠の裏切り者として彼らを非難しないであろうか。そしてひとたび自分の王国を取り戻すや、彼は彼らをそのなかで死滅させる前代未聞の苦しみを作り出しはしないであろうか。まったく同様に、我々の主、イエス・キリスト――汝らに身体、魂、その他の財産を与えたお方――は、自身の血の代償として獲得したご自分の王国から追放された者としてある限り、もし汝らがその人に援助を提供することを怠ったならば、汝らを忘恩と不義のために罰するであろう。この苦境のなかで贖主への奉仕を拒む者は自らもその方に対して罪深いほどに非情で、非情なほどに罪深いことを知るであろう。なぜなら、一体その人は信仰と名においてキリスト教徒である彼の兄弟たちが異教徒のサラセン人によって非道にも捕虜として捕らえられ、重い隷属の軛《くびき》のしたに押し潰されているのを知ったにもかかわらず、彼らの解放のために有効な協力を提供しようとしない隣人を――神の掟に従って――、自分自身のごとく愛するであろうか。主が福音書のなかで「他人に対しては、あなたが他人にしてもらいたいと願うことをしてやりなさい」と言うとき、彼は自然の法のこの掟を犯しはしないだろうか。それともたぶん、汝らは何千ものキリスト教徒がサラセン人の奴隷や捕虜として捕らえられ、数え切れない苦しみを強いられていることを知らないのではなかろうか。

聖グレゴリウス〔一世、大教皇〕の生きた時代、イスラーム教徒の国々のほとんどはキリスト教徒によって所有されていた。しかし堕落の息子、偽預言者ムハンマドがそのとき立ち上がった。彼は物欲と肉欲によって真実から目を逸らさせることによって、多くの人々を誘惑した。彼の偽りの信仰は今日にいたるまで広がりつづけた。しかし、われはこの野獣の終わりが近づいているとの好ましいしるしを我々に与えて下さっている主を信頼している。なぜなら、野獣の数が聖ヨハネの黙示録のなかでは六六六で、そしてすでに六〇〇年近くが過ぎているので。[29] そして今や、サラセン人は我々の罪によって我々の贖主に数々の悪質で重大な侮辱を加えたあと、さらに贖主が弟子たちにご自身が栄光のなかに現れる姿を明らかにしてみせたタボール山にキリストの名をうち砕く目的で城塞を築いた。彼らはこの城塞によってすぐそばに位置する都市アッコンを簡単に征服し、つづいて現在武力と糧食を欠くこの地方の残りの部分へ難なく侵入しようと考えている。[30]

したがって、いと親愛なる息子たちよ。行け。そして汝らのために生命を捧げ、汝らのために血を流されたごとく、その人のために財産と身体を危険に晒すことを恐れるな。そしてもし本当に苦行を実践したならば、汝らはその近道を通って行くごとく、一時的な仕事の代償として永遠の休息に到達することを確信せよ。

(J. Migne, *Patrologiae cursus completus. Patres...ecclesiae latinae*（『教父著作全集・ラテン教会教父の部』）, t. 216, col. 817–822)

8　キリストの軍隊（第四回ラテラノ公会議決定　一二一五年）

一二一五年一一月第四回ラテラノ世界公会議で公布された、「解放されるべく Ad liberandam」をもって、十字軍は完全に明確化された教会の制度として登場する。教皇特使同行の恩恵に与るキリストの軍隊は説教、祈り、告白によって恩寵を得られる状態に保たれるであろう。十字軍の誓願は強制的なものとなる。十字軍士が享受する霊的・俗的諸特権に関する規定が最大限に拡大された。十字軍の財政が考慮され、以後、それは聖職者の分担金と俗人の喜捨によって確保されねばならない。敵との協調がキリスト教徒に対して一切禁止され、イスラーム教徒が支配する海岸の封鎖が宣言される。違反者には最高の罰が科せられ、平和はキリスト教のすべての君主と諸侯によって遵守されねばならない。最後に、十字軍の贖宥は、各自の力の許す範囲内で、キリスト教徒の共通の仕事に協力するすべての人々に拡大される。

これらの取り決めは、特に第五回十字軍（一二一七—一二二一年）の準備に適用される。その後もそれらは採用され、そして十字軍法規として現れる。

われわれは、不敬者の手から聖地を解放しようとの我々の激しい願望のなかで、時期と場所の諸状況に精通した賢明な人々の助言を得て、聖なる公会議の承認のもとに、次のことを布告する。すべての十字軍士は出発を準備せよ。海路で行くことを願う者は再来年の六月一日にシチリア王国の、一部はブリンディジ、残りはメッシーナかその近郊に、それぞれの都合に応じて集結せよ。もし神がそれを許し給うならば、われ自らそこに行こうと思う。それはわれわれの助言と助力によって、神と使徒の祝福を受けて出発するキリストの軍隊を組織することに貢献するためである。陸路で行く者も同一の日に準備せよ。そしてわれわれは彼らに助言と助力を与えるべく、こちらで選んだ特使を

派遣しなければならないため、彼らは適当な時期に意思をわれに伝えるべし。

キリストの軍隊に加わる司祭とその他の聖職者——高位聖職者および下級聖職者——は祈りと説教に熱心に励むべし。神への恐れと神の愛を心のなかに常に止めておかせるべく、彼らの祈りと模範により他の者たちを教導すべし。そうすれば、彼らは言葉においても行いにおいても神の威厳を損傷することはしないであろう。そして罪に屈することが起きたとしても、彼らは真の苦行によってすぐに立ちなおるであろう。彼らは心身を謙虚なものとして保つべし。彼らは内輪もめや敵対を絶対に避けるべし。彼らは恨みと嫉妬を遠くへ追い払うべし。そうすれば、霊的剣と世俗の剣とを使って、彼らはより大きな安心をもって信仰の敵と戦うであろう。なぜなら、彼らは信頼を彼らの力でなくて神の力に置いているので。

われはこれらの聖職者に、彼らが教会で生活しているのと同じ資格で、職禄の収入を三年間そのまま受け取る特権を付与する。そしてもし彼らに必要であるならば、職禄を同一期間質に入れることも許されるであろう。

この聖なる計画の実現に際し、すべての障害または遅延を避けるべく、朕はすべての高位聖職者に各管区ですでに十字架をとった者たちを集め、他の十字軍士と同様に、つづいて十字軍士となる人々に、主への誓約を熱心に遂行することを奨励するよう命じる。もし必要であれば、高位聖職者は彼らに対して、彼ら自らの破門と彼らの領地に科せられた聖務停止によって、決断をためらうことを中止するよう強制すべし(ただし、使徒の座が承諾する限りにおいて、誓願を別のものに変更するか、延期しなければならない支障に遭遇した者は除く)。

われはこの目的のため、そしてイエス・キリストに関係するものを放置することのないため、総大主教、大司教、司教、修道院長、その他の魂の世話に従事する者が、十字軍の計画を彼らに委ねられたすべての人々に熱心に周知させるよう希望し命令する。そして朕は彼らが父と子と聖霊、唯一の永遠で真なる神の名において、国王、君主、公、侯、伯、副伯、その他の有力者、司教座都市と中小都市の共同体の構成員——聖地の救援に自らは赴かないすべての者——に対して、回状のなかで言われてきた、そしてより一層の注意を喚起すべく今後も繰り返されるであろうことに従って、罪の赦免のために、各自の資力に応じて適当な数の騎士を三年間の出費に見合った資金とともに提供するよう懇願する。(31)

われはこの遠征のために船を供出する者のみならず、この目的のために船を建造する者も、この罪の赦免に与らせようと思う。これを拒む者——このことに関して、我々の神である主に対して恩知らずたりうる者がいると仮定した場合のことであるが——に関して、彼らは使徒の権威によって、強引に命令に服従させせられるであろう。彼らはそのことに関して、最後の審判で恐るべき審判者の立ち会いのもとで我々に責任をとらねばならないことを知るであろう。そして罪人のために十字架にかけられた人に仕えることを拒否したならば、神の唯一の子で、父がすべてのものを与えたイエス・キリストのまえに立つときの、精神の平穏と安心について考えることが彼らに求められよう。彼らはその方の恩恵で生き、その方が与えたものに支えられ、さらにはその方の血によって贖われているのである。

しかし、われは担げないほど重い重荷を人々の双肩に科すような、常に口では言うが実行しない人、それを担ぐために小指さえ動かそうとはしない人のような態度はとりたくない。その証拠に、われはローマと周辺諸国に提供する艦隊以外に、われが必要に充て、出費を節約したあとに貯蓄しえた金額から三万リブラをこの企てに醵出《きょしゅつ》する。その上、われはこの目的のため、エルサレム総大主教で誉れの高かった故アルベールと神殿騎士団《タンプル》や歓待騎士団《オピタル》の団長の手を介して、聖地の必要のために誠実に供出したあと、何人かの信者の喜捨からわれの手許に残っていた三千銀マルクを与えるであろう。

われは、その他の高位聖職者と聖職者のすべてが功績と報酬に与ることを希望しており、公会議の承認を得て、高位聖職者であれ下位聖職者であれすべての聖職者に、聖地での援助に教皇庁の代理人が徴収することになる教会収入の二十分の一を三年間、割り当てるよう命じる。しかしこの税から一部の修道士と、十字架をとったあと、またはまえに自主的に出発する者は除く。われ自身とわれの兄弟たちであるローマの聖なる教会の枢機卿も十分の一税を割引きなく支払う。そしてすべての者はこの決定を忠実に遵守する義務のあることを知るべし。さもなくば、破門が宣告され、そしてこの破門はこれに関して不正を意図的にはたらいたすべての者にも同様に有効となる。

天の主に仕える者が特別の恩典に与るということは正しいことである。そして出発まえの遅延は最高一年余とする。同様の理由で、十字軍士は戸割税、その他の負担を免除される。われは彼らが十字架をとった瞬間から、彼らの身体と財産を聖ペテロとわれの保護下に置くと同時に、それらを大司教、司教、その他の高位聖職者の守護下に入れる。しかしまた、彼らの財産がそのまま平穏に維持されるべく、彼らの帰還または死亡が十分に確認されるときまで、特別に任命された管理官をも提供するであろう。そしてもしこれらの決定に敢えて違反する者がいた場合、教会の懲罰によって悔悛へと教導されるであろう。

もし出発者のなかに利子を払うことを宣誓によって約束した者がいた場合、同様に、われは債権者にその宣誓はなかったものとみなし、利子の徴収を断念するよう命じる。そしてもし債権者のなかに彼らに利子の支払いを強要する者がいる場合、われは同一手段を使ってそれらを返却するよう命じる。

われはユダヤ人に対して、彼らに支払われた利子の返却を世俗の権力によって強制されるよう命じる(32)。そしてわれは彼らが返却するまで、彼らの家を訪問することをすべてのキリスト教信者に破門の罰をもって厳禁する。

現在ユダヤ人に借金を返済できない者に対して、世俗の諸侯は遠征の開始から彼らの帰還――または死亡――が確実なものとして認知されるまで、支払うべき利子から免れる猶予を得させるべし(33)。そしてユダヤ人は必要経費を含めた上で、入質された物件からの収入を元金の返済から差し引くことを義務づけられる。したがって、この特権によって、(貸付者に) 過度の不利益がもたらされることはなかろう。なぜなら、支払いを遅らすだけで、負債の物件そのものは消滅することはないので。最後に、十字軍士とその家族に対する正義の実行に怠慢な高位聖職者には、厳罰が下ることを知るべし。

他方、聖地への救援は、往還する人々を捕縛し掠奪する大小の海賊によって、多大の被害を蒙っている。われはこれらの海賊を助け、それらに便宜をはかる者たちを破門に処す。われは彼らに接触し商売することを聖務停止の威嚇をもってすべての者に禁じる。われはこれら海賊の拠点都市およびその他の統治者に対して、彼らにこのような卑劣な行為を中止するよう強制し、このようなことをなくすよう厳命する。それがなくても、邪悪な者への対抗を拒むことは、彼らの悪しき意図を促進することと考え、そして明白な犯罪行為に歯止めをかけるのを妨げることになる秘密の提携に不安を抱く理由もはっきりと言っていないので、われは高位聖職者が彼らと彼らの領地に対して教会罰を行使するよう希望し命令する。

同様に、われはキリスト、そしてキリスト教徒の敵のように振る舞い、サラセン人に武器、造船用鉄材、木材を提供すると同時に、大小の船を売却するこれら信仰心のない偽りのキリスト教徒に破門、聖務停止を宣告する。サラセン人の海賊船の水先案内人として仕えるか、聖地の犠牲においてサラセン人の手先となって働くなど、助言や援助でもってサラセン人に加勢する者たち(34)も、財産没収によって罰せられ、彼らを捕らえた者の奴隷になるべきと判断する。われはこの宣言がすべての海岸都市で毎日曜日と祝日に大声で唱えられ、そしてこのように卑劣な方法で獲得したものを、正しい裁きによって援軍に供出すべきとされた財産の一部とともに、聖地に送られた援軍のために放棄しない限り、これらの人々に対して教会の門が開かれないよう命令する。このようにして、義務を果たせない者は、彼らの手本によって、他の者が同様の大胆な行動にはしらないようにするため、別の方法で罰せられるべし。

さらに、われは東方に住むサラセン人のもとに船を出航させたり寄港させたりすることを、聖務停止の威嚇でもってすべてのキリスト教徒に四年間禁止する。そうすることで、聖地の救援に赴こうとする者はより多くの船を利用できるようになり、そしてサラセン人はこの貿易が通常時にもたらしている莫大な援助を失ってしまうであろう(35)。

騎馬試合も十字軍にとって非常に重大な障害になりえたため、いくつかの全体宗教会議で明確な罰則をもうけて禁止されてきたのであるが、われも破門の罰則をもってそれを三年間全面禁止する。

この計画を実現するには、キリスト教徒の諸君主が互いに平和を守ることがことのほか肝要となる。われは聖なる世界公会議の決定に従い、教会の高位聖職者が対立する者たちを平和に導くか、完全に遵守すべき確固たる休戦を彼らに強制することで、全キリスト教世界において平和が四年間全面的に遵守せられるよう定める。そして承諾を拒む者には、彼ら自身に破門が下され、彼らの領地には聖務停止が宣告される。ただし、受けた不正の性質によって、この平和を承諾させることができない場合は別である。もし彼らが教会の懲罰を無視することが起これば、彼らは世俗の権力を介して、教会の権威によって、十字軍の攪乱者として、彼らに弾圧を加えられることを当然のこととして恐れるべし。

したがってわれは、己の無能にもかかわらず、全能の神の慈悲と聖なる使徒ペテロとパウロの権威に基づいて、そして神がわれに帰属させた縛り解く権限により、この仕事を自力と自費とで企てようとする者すべてに、罪に関して本当に心を悔い改め、自ら告白したならば、罪の完全なる赦免を付与する。そしてわれは彼らに義なる者の報酬として約束された永遠の救済が大きくなるのを許すであろう。われは、自らはそこに赴かないが、資力と地位に応じた資金を出し、適当な者たちを派遣する者と同様に、他人の費用でそこに赴く者にも、罪の完全なる赦免を付与する。われは、聖地に派遣した援軍に財産から適当な部分を出資する者、または助言と支援を適宜に提供する者も、彼らの援助の性格と信仰心の深さに応じて、この赦免に加わることを希望する。そしてこの世界公会議はこの企てに敬虔な心から参加する者たちすべての立派な行為に、それらが彼らにとって救済を得るために正当に役立つことから賛同する。アーメン。

(J. -D. Mansi, *Sacrorum conciliorum nova et amplissima collectio*(『聖なる公会議に関する最新かつ最大の集成』), t. 22, col. 1058–1067)

第二章　応　答

1　十字軍士の出発（一〇九六年）

教皇ウルバヌス二世の呼びかけに対する応答は、周知のごとく、大勢の十字軍士の出発となって表れた。しかし出発するまえに、そして出発できるために、十字軍士は自ら武装し、費用を調達しなければならなかった。それを達成するために、出発しようとしていた人々は、まず財産を程度に応じて処分しなければならなかった。ゴドフロワ・ド・ブイヨンはリエージュ司教座教会にブイヨンにある自分の城を譲渡した。次のテクストのなかで紹介されるリヨン地方の小領主――第一回十字軍のヒーローの一人――は十字軍遠征のたびごとに非常に広く用いられることになる、担保貸付の方法に頼った。担保として提供された土地は、理論的には、もしその所有者が債権者に負債を返済するならば、その所有者によって再び所有されることになっていた。ここでは負債者がこの返済の可能性にほとんど幻想を抱いていなかったこと、そしてこのようにして同意された犠牲が完全に取り返すことができないままで終わりかねなかったことが明らかとなろう。

現在および未来のすべてのキリスト教徒たちは次のことを知るべし。モントメルル城の騎士ギシャール・ド・モントメルルの息子、私、アシャール[1]も神のために異教徒およびサラセン人と戦うべく、エルサレムへ出発することを願っているキリスト教徒のこの大遠征、または総動員の只中にあって、同様の願望に駆りたてられた。そして完全装備の状態で出発したいがため、私はクリュニの尊き修道院長ユグ猊下とその修道士たちと次の協定を結んだ。そしてこの協定のために、主として、モンベルト娘修道院長ジョフロワとシャヴェイリア娘修道院長ジェロとが私とともに出発した。

したがって、私は私の父からの相続財産として私の所有となった一つの財産を、上記領主に担保として提供し、彼らは私にリヨン貨で二千ソリドゥスとロバ四頭を譲渡した。この担保貸付は、もし私自身でない場合、私の親族のいかなる者もそれが親族であれ親戚であれ、それを買い戻しえないとの条件で行われた。私がエルサレム巡礼の途次に倒れた場合、または私が彼の地に止まることを決意した場合、その形式がいかなるものであれ、クリュニ修道院は現在修道院が担保として保有することの財産を担保としてではなく、合法にして世襲の所有として永遠に保有すべし。しかし私が神の意思によって帰還し、そして故国へ戻ったあと、私の直系の正統な相続人を得ることなく死亡した場合、この財産は同じく、永遠に同修道院の所有としてありつづけるべし。ここで問題になっているこの財産の名称と細目は次の通りである。私がリュルシ村で所有するすべてのもの、すなわち屋敷、ブドウ畑、耕地、採草地、森林、漁場。加えて、私は私からこの村と村域で封として何かを保有している者からそれらを取得する権利を上記領主に同意し確認する。また、私はル・ヴェルジェにある私の屋敷を水車、土地、付属のブドウ畑とともに、そしてロベールが保有するコオの屋

敷をそれに従属する水車、土地とともに担保として提供する。(2)

この協定が支障なく固く守られるべく、私はそれを私自らの手で与える誓約によって確認し、加えて私は二名の保証人、ギグ・ド・ブイとザシャリ・ド・ビオレールを定めるが、彼らは私がすでに行ったと同一の誓約を同じ理由と同じ協定のために行っている。このようにして、もし私または私の権利継承者の誰かがいつの日かこの村、これらの屋敷、これらの土地に何か侵害を行うか、もしそこからの収入の一部を自分のために横領したり、もし召喚されてから、そして召喚の要請が出されてから四〇日以内に、それに完全に応じない場合、私と私の保証人ギグとザシャリはリオティエ城のなかに投獄され、そしてすべてが解決されたあとでないと、さらに平和がクリュニ領主の判決に基づいて十分に回復されたあとでないと、そこから出ることはできない。(3)

以上のことはクリュニで、主の受肉の一〇九六年、インディクティオの四年、エパクトゥスの二三日、復活祭の最終日、四月一二日、補足日二日、フランス王フィリップの在位の閏年、教皇ウルバヌス二世が幸せのうちにローマ教皇位にあるとき行われた。これはいと慈悲深き父、クリュニ修道院長ユグ猊下のまえで行われ、同院長猊下の手のなかで上記アシャールは寄進を行い、この協定を確認した。彼とともにシュシィの騎士ベルナールと、アシャールの姉妹であった彼の妻も（この協定を確認した）。そして彼らは彼らの子供たちによっても、これをすべて承認させることを約束した。そして「もし誰かがその大胆さと無謀さにおいてこの協定に違反するか、この約束を破棄しようとするならば、罪を犯したことになり、そして神とその聖なる使徒ペテロとパウロに対して不正をはたらいたことになることを知るべし」と述べられている。(4)

アシャール、および彼とともにこの協定を確認した彼の保証人ギグとザシャリの自署。そして、同じことを約束したベルナールと彼の妻ジェルベルジュの自署。イドリエル・ド・ピシィの自署。エティエンヌ・デュ・ブレの自署。老グンドルドルスと彼の甥ベルナールの自署。礼拝堂付き司祭ウードの自署。大ユグの侍医、修道士ユグによって作成。

(A. Bruel et A. Bertrand, *Recueil des chartes de l'abbaye de Cluny*〔『クリュニ修道院文書集』〕, t. V, pp. 51–53, nº 3703)

2 「ルイとともに出発する者たち」

叙事詩『騎士たちよ。おまえたちは十分に守られている』では、第二回十字軍の説教が繰り返されている。なぜなら、それは教皇エウゲニウス三世と聖ベルナールの呼びかけに応えた〔フランス王〕ルイ七世に同行することを騎士たちに促しているので。しかし、それは騎士世界の反応も伝えている。もし十字軍勅書の構成要素(例えば、エデッサは以後キリストの役に立つことはないことへの言及)から理解するならば、ここで表明されている感情は、一二世紀の貴族に適用しうる感情である。神は封臣が奉仕義務を負っている領主であり、神は彼らに対する好意の代償として、奉仕を期待することができる。封臣は騎馬試合に彼らを招集する君主の命令に応えねばならないように、勇ましい者は誰でも神の呼びかけに応えねばならない。この叙事詩の表現は繊細さを欠くが、それ以上に描写に優れている。

騎士たちよ。神がかくのごとき侮辱を神に加えたトルコ人とアルモラヴィデ人[5]と戦うべく、おまえたちを招集するとき、おまえたちは十分な庇護のもとにある。彼らが神の封土を奪取したことは間違いである。我々はそのことに苦痛を感じよう。なぜなら、まさしくそこで神は最初に奉仕を受けられ、領主として認められたのであるから。

ルイとともに出発する者は、決して地獄を恐れはしない。なぜなら、彼の魂は我々の主の天使たちとともに天国へ昇るであろうから。

ロエ[6]が奪取され、皆知っての通り、キリスト教徒の心は動揺しきっている。修道院は焼かれ無人と化し、神がそこで奉仕されることはもはや決してない。それ故、騎士たちよ。武器に関して尊敬されているおまえたちは、そのことについてよく考えよ。今や、おまえたちの身体をおまえたちのために十字架にかけられたお方に差し出せ。

ルイとともに出発する者は……

おまえたちも多くの財産を所有するルイを手本にせよ。彼は冠を戴く他のいかなる王よりも富裕で力強い。彼は銀鼠色の毛皮、リスの毛皮、城、大小の都市を捨てた。彼は我々のために十字架にかけられたお方へと向きを変えた。

ルイとともに出発する者は……

神は我々を牢から出すべく、自身の身体をユダヤ人へ引き渡された。この方が苦しまれた五カ所の傷は死と受難をもたらした。それ故、神はおまえたちにシャナネーン人と冷酷者ゼンギ(7)の兵士たちが非常に下品な遊戯を神に行ったと伝えている。したがって、彼らに相応しいものを返してやれ。

ルイとともに出発する者は……

神は地獄と天国の間で騎馬試合を催す。神は神を防衛することを願うご自分の友すべてにその参加を命じる。彼らは神の命令に背いてはならない。

ルイとともに出発する者は……

ところで、創造主である神の子はエデッサに到着する日を定めた。その地で罪人たち、つまり敵をうちのめし、神への愛のために神の仇を討つべく、この要求に応えて出発する者たちは救済されよう。

ルイとともに出発する者は……

シナイ山に住むモーゼを取り返しに行こう。彼も、そして偉大な民が従い、彼が一振りで紅海を分断したその杖も、サラセン人の手に渡しておくな。そして、エジプトのファラオはその後逃げ去った。彼と彼の民はそこで滅んだのだ。(8)

ルイとともに出発する者は……

(Joseph Bédier, *Les Chansons de croisade,... avec leurs mélodies publiées par Pierre Aubry* (『十字軍の歌』), Paris, 1909, pp. 4-16)

3　戦いの雄叫び

一一四八年一月七日、小アジアのアダリア〔アンタリア〕とラオディケア〔エスキヒサール〕の中間に位置していた〔フランス王〕ルイ七世の軍隊は、前衛の指揮官の不服従の結果、二つに分裂してしまう。前衛と本隊はその日の午後、輸送隊とルイ七世自身が指揮していた後衛から切り離される。待ち伏せしていたトルコ軍は、この状況を利用して輸送隊を攻撃する。ルイ七世はこの輸送隊とそれに同行していた巡礼者の群れとの救援に急行する。彼は大きな危険をおかし、部下のために自らを敵の矢面に立たせることで、輝かしい武勲を打ち立てる。自らも前衛の指揮官たちに国王の書簡を運ぶことで、この戦闘に参加したウード・ド・ドイユのこの文章には叙事詩を特徴づける名調子が盛り込まれている。

「日は暮れようとしていた。我が輸送隊は混雑でその進行をどんどん麻痺させられていた。(9) 敵はこの窮状だけでは満足しなかった。敵の勇猛さがその強さを増した。敵は、軍隊の前衛が前進した隙をついて我々に襲いかかった。後衛がまだ視界に入っていなかったにもかかわらず、前衛はもはやそこにはなかった。敵は我々を襲い殺す。武器を持たない群衆は、まるで羊の群のように、敵の足もとにひれ伏すか逃走した。

そのとき、雄叫びが上がった。それは天まで達し、そしてそのとき後衛を指揮していた国王の耳にも達した。そこで、国王は自分にできるすべてのことを実行した。しかしそのとき、天から救援は一つも我々には届かなかった。それは夜であったからではない。なぜなら、夕闇が大殺戮を終わらせたのであるから。

私としては、修道士の身分であることから、主に祈ること、(10) または他の者たちを戦いに駆りたてること以外に何もできなかった。したがって、私は軍の陣営〔前衛〕へ派遣された。(11) そして起こったことをそこで語った。すべての者が興奮し、武器をとりに走った。彼らは急いで後退したが、起伏の多い地形と逃走者たちの群れに阻まれ、容易に前進できなかった。

危険に晒されたままであった国王は数名の貴族を従えただけで、彼のそばには親衛隊も射手もいなかった。彼らは自分たちが戦うとは誰も考えていなかったのだ。すべての者は、明日戦闘を行うと考えていた。しかし国王は自分の生命を賭して、死の一歩手前まで押しやられていた大群を救うべく、敵の後衛の只中を突き抜け、先行する部隊が虐殺を続けるのを阻止しようとした。敵の数が自軍の百倍を越え、不利な地の利にもかかわらず、国王は果敢に異教徒を攻撃した。事実、このような場所で馬は全力で疾走することができなかった。馬は立っているのがやっとで、雨のように降ってくる矢が馬を傷つけ、衰弱させてしまった。我が軍は馬の状態から、槍を自由に振り回すことができなかったのに対して、敵は岩や木々の後ろに隠れて、まったく安全な場所から矢で我が軍を狙い打ちしていた。

こうして解き放たれた大群は荷物を捨て、駄馬を掠奪したりして逃走した。彼らは死の危険に晒された国王とその仲間たちを見捨てた。しかし、もし従者を生かすために主人が自らの生命を犠牲にするとき、主人が手本を示していないのであれば、深く悲しむべきことであろうが。フランスの花はダマスカスで実をつける前に萎れてしまっている（私はそのように語りながら、それに涙し、そして心のなかで嘆き悲しんでいる[12]）。沈着冷静な人が慰みを引き出しうるとすれば、それは何よりも彼らがそのときに、かつてと同じようにみせた勇気が現世の人々の生命を保証するのに役立つこと、そして彼らの死が彼らの過ちを消し去る彼らの篤き信仰によって、彼らに殉教者の冠を得させることからである。

彼らは犬死にしないために戦い、そして彼らの周囲には夥しい数の死体がすでに横たわっている。しかし彼らの敵の数は増え続けることはあっても、減ることは決してない。軍馬がすでに息絶える。たぶん、彼らは荷物を運搬するためにそれを使用することはできなかったであろう[13]。しかし、軍馬は少なくとも武器の重さに耐えていた。このとき、まるで大海の只中にいるごとく、敵の真っ只中で馬から降りて戦う、鎧に身を包んだ騎士たちの姿が現れる。彼らは甲冑で護られていない敵の臓腑を四方に撒き散らす。だが、彼らは互いに引き離されたままである。[14]

この戦闘で国王はたぶんそう多くはなかったであろうが、勇名をはせた者たちからなる護衛隊を失った。しかし、国王は国王としての勇気を持ちつづけた。神が彼を救済すべくそこに置いた木の根のお陰で、彼は敏捷さと勇気によって岩の上に立つことができた。敵の群集は彼を追い、捕虜にしようと彼のあとにつづいて登り、そして遠くにいた者たちは矢で彼を攻め立てた。しかし神のご加護で、彼の鎧は彼を矢から守った。そして彼は剣を血で染めながら四方八方で首や手をはね、この岩を死守し捕虜になることを免れた。

敵は彼の正体が分からなかったが、彼を捕らえることは困難であると悟った。そして、彼らは援軍の到着を恐れていた。こうして夜の帷が下りるまえに、敵は彼をその場に残し、戦利品を集めに去っていった。

(Eudes de Deuil, *La croisade de Louis VII, roi de France*（『フランス王ルイ七世の十字軍』）, ed. H. Waquet, pp. 68–70)

4　敗北の不名誉

第二回十字軍は大きな幻滅のうちに終わった。〔ドイツ王〕コンラート三世の軍隊は小アジアで壊滅寸前に陥り、〔フランス王〕ルイ七世のそれも重大な損失を蒙った。そして、ダマスカスの攻囲——第二回十字軍の唯一の大きな軍事行動——も失敗に終わった。キリスト教世界の遺恨は非常に激しいものであった。この遠征の主たる推進者であった聖ベルナールも、非難を免れなかった。(15) 彼はこの機会をとらえて、教皇エウゲニス三世に宛てた論文、『熟慮について』の執筆を再開し、そして十字軍の失敗に関する見解を披瀝した長文の余談をそこに挿入した。彼はかくも多くの無益な犠牲をまえにして、同時代の人々の心を揺り動かしていた恥ずべき結末を隠してはいない。しかし、たとえ彼が神の計り知れぬ意思に言及しているとしても、新しい人間に完全になりきっていなかった十字軍士自身を問題にすることにためらいを見せてはいない。(16) 彼はキリスト教徒に対し、勇気を失わないよう激励すべく聖書の前例——ユダヤ人の砂漠への行進、ベンヤミン族に抗して連合した一部族の敗北——を引き合いに出している。そして彼のテクストは、すべてが苦行によって規定されねばならないとする十字軍の必要性の理解において、一つの新しい段階を画している。

いと優秀にして聖なる父、エウゲニウスよ。私は、ずっと以前にあなたにした約束を忘れてはいなかった。(17) そしてそれを果たすのが少し遅すぎたかも知れないが、私は今やそれを果たそうと思っている。このように遅れた原因が無関心や忘却にあったとするならば、私はあまりにも待たせすぎたことを恥じ入らねばならない。しかし、事実はそうではなかった。あなたも知っての通り、私たちは私たちの探究、そして私たちの生存にさえ終止符を打たねばならないように思われた苦難の時

期を体験したのだ。

私たちは私たちの罪に激怒した主が定められたとき以前に、主の慈悲は考慮しないとしても、あたかも主の正義によってこの世界をすでに裁いたかのごとく、私たちを取り扱うのをみた。それは神はもはや自分の民を覚えていないように、そして自分の栄光をまったく気にしていないように思われたからだ。諸々の民は「彼らの神はどこにいるのか[18]」と言っていないか。そして、どうしてそのことに驚くのか。教会の息子たち、キリスト教徒と呼ばれる人々は剣で殺され、飢えで倒れ、砂漠のなかで粉砕されてしまった。諸君主は不和に陥り、そして主は彼らを本来の道から逸れさせ、通行不能の場所へ迷い込ませてしまった[19]。彼らの前途には苦悩と不幸しかなかった[20]。恐怖、悲しみ、恥辱が諸王の宮廷を襲った[21]。

かつて平和と勝利を告げた者たちにとって、これは何という思い違いか。私たちは平和について語っていたのに、私たちはまだ平和を手にしていない[22]。私たちは幸福を約束していたのに、今あるのは苦難ばかりである。したがって、私たちはこの件に関して、無謀や軽率にはしりすぎたと考えてよかろう。しかし、私たちは行き当たりばったりではなく、あなたの命令、否、それよりもあなたの口を借りて表現された神の命令に従って行動したのである。

私たちが断食し、そして神がそれに注意を向けなかったことはどうしてか。私たちが私たちの心を謙虚にしたにもかかわらず、神はそれを無視したのはどうしてか。なぜなら、主はこのことに関して、ご自分の不満をぶちまけることで満足しなかったのであるから。しかし、主の手はまだ私たちに差し伸べられたままである。同時に、主はエジプト人の不敬な行為と、主がご自分の部下を騙し、砂漠のなかで彼らを死に絶えさせた(23)と書いている不敬な言葉をじっと我慢して聞いておられる。しかし、神の裁きはすべて正しい。それを知らない者がいるであろうか。しかし、神の裁きは非常に不可思議であるため、私自身であれば、それに躓かなかった者は幸福であると言うであろう。

しかし、どうして人間は自分が理解できないものを、敢えて無謀にも批判しようとするのか。天の掟は、それが私たちを慰めてくれるとしても、地上の人々の関心と無関係であることを想起しよう。事実、ある者は「あなたの裁きはとこしえに堪えることと思い、主よ、私は力づけられます(24)」と言った。私がここで言っていることは誰もが知っている。しかし今日、誰もがそれを思い出しはしない。それが死ぬべき存在の心である。知っていても、それから教訓を引き出す理由がない場合、私たちは知っていることを、必要なときでも、忘れてしまう。モーゼは自分の民をエジプトから脱出させるため、よりよい土地を彼らに約束した。それ以外の場合、いかにしてその民は彼に従いえたであろうか。彼らは土地しか関心がなかったのである。モーゼは彼らをエジプトから脱出させた。しかし、彼は彼が約束した土地に彼らを入らせなかった。この悲しい出来事は予測していなかったことである。それを首長の無謀さの所為にすべきであったのか。モーゼは主が彼に命令したことをすべて実行した。主は彼の仕事を奇蹟によって確認することで、彼を助けた。しかし、彼の民は不従順で、絶えず主と主の召使いであるモーゼに不平を吐きつづけたと、あなたたちは私に言うであろう。

よろしい。主とモーゼは疑い深く、反抗的であったとしよう。しかし、民のほうはどうであったのか。あなたたち自ら考えてみなさい。私は彼らが自ら告白するであろうことを、あなたたちに改めて言う必要があろうか。私はただ次のことを言うに止めておく。ヘブライ人が行進中にいつもあと戻りしたとするならば、どうして彼らは成功を経験しえたであろうか。そして、私たちの民〔十字軍士〕はその行進の途中で、少なくとも心のなかで、エジプトへ戻りはしなかったか。ヘブライ人は彼らの不正行為のために倒れ滅んだ。私たちの民が彼らと同様に行動したがため、同一の運命を経験したことに私たちは驚くであろうか。もし前者の不幸が神の約束に違反したものではなかったならば、後者のそれもまたそうであったであろう。それは、神の約束が神の正義と対立することはありえないので。

さらに、このことを聞きなさい。ベンヤミン族は一つの罪を犯した。その他の部族は戦争へ率いて行かねばならない彼らの指揮官を自ら指名していた神の意思に従って、その罪を罰すべく決起した。したがって、彼らは数の多さと主義の卓越さ、そして何よりも神の恩寵に支えられて戦った。しかし、神はその意図において、人間の子供たちに何と恐ろしかったことか[25]。罪を罰しなければならなかった者たちが、犯罪者をまえにして、逃走してしまったのだ。最大多数が最大少数のまえに（逃走してしまった）。しかし、彼らは主に救いを求めた。そして、主は彼らに「戦闘へ戻れ」と言う。彼らは戦闘に戻ったが、再び撃退されて逃走した[26]。

このように、神は彼らに最初から恩寵を示し、彼らに命令を発したのであるが、彼らは正当な戦争を始めたにもかかわらず、敗れてしまった。しかし、もし彼らが戦闘において劣勢であったとしても、信仰において卓越していたことを証明した。

もし私が私の同時代の人々に戦闘に戻るよう督励し、そして彼らが再び敗れたならば、あなたは彼らが私に何をすると思うか。私が三度出発するよう督励するのを聞いたとしても、彼らは初回と二度目で失敗してしまったこの仕事を再び始めるだろうか。しかしイスラエル人はこの二回の失敗で立ち止まらなかった。彼らは三度目も従い、そして彼らは最後に勝利したのである。

たぶん、私たちの民は「あなたの言葉が主から発せられたことをどうすれば確信できるのか。私たちがあなたを信じるために、あなたはどのような奇蹟を行ったのか」と言うであろう。この点についてて答えられるのは私ではない。どうか私の謙虚さを許してもらいたい。しかしあなたは、あなたが知り見たことに従って、またそれよりも、神があなたに呼び起こさせたことに従って、私のためと同時にあなた自身のために考えなさい。

しかし、たぶん、あなたは私が話を別の問題に移そうとの意思を明らかにしたにもかかわらず、この問題に固執することに驚くだろう。しかし、私は別のことがまえの問題と無関係であると思っていない。なぜならば、あなたの意図に従って私が取り扱わねばならなかったテーマが「熟慮について」であると、私は記憶しているので。それ故、このテーマは重要で、そして人々はそれについて本当に真剣に考えなければならない……

(Saint Bernard, *De consideratione*（『熟慮について』), II, 1, in J. Migne, *PL*, t. 182, col. 741–745)〔これに関しては、ラテン語からの邦訳、聖ベルナルド『熟慮について――教皇エウゼニオ三世あての書簡』古川勲訳、中央出版社、一九八四年がある〕

5 イスラーム教徒が十字軍を語る（イブン・アル・アティール）

イスラーム教徒の歴史家イブン・アル・アティールは、第三回十字軍で十字軍士をこの遠征に駆りたてていた動機に関して十字軍士の敵が抱いていた見解を、私たちに提供してくれている。もちろん、彼が十字軍のために宣伝された諸テーマに関して語っていることは事実と完全に一致しているとは言いがたい。しかしそのなかには、十字軍の説教師たちによって実際に喚起されたいくつかのテーマ（ムハンマドによってうち負かされたキリスト）と同時に、現実の行為（十字軍誓願の買い戻し、出発できない人々によって雇われた戦士たちの派遣）が確認される。

特に、のちに捕虜となる十字軍士の母親が十字軍士として出発する息子のために、所有するものすべてを売却した話が注意を引く。

私はティルでフランク人の大結集についてすでに語ったが、それはサラディンが城塞を奪取するたびごとに、その住民を逃走させるがままにし、財産や妻子とともにティルへ向かうのを放任していたためである。このようにして非常に多くのフランク人と、ここ数年間で最高に達した莫大な出費を負担しなければならなかったとしても、それでも汲み尽くせないほど多量の貨幣とがそこに集められた。

エルサレムが奪取されたため、修道士、司祭、フランク人の諸侯と騎士の群れが黒衣に身を包み、大葬列を先導した。エルサレム総大主教もそれに参加し、そして人々は救援を呼びかけ、彼らの支援を喚起し、エルサレム陥落の仇を討つよう督励すべく、彼らとともにフランク人の国々の巡回を始めた[27]。特に、彼らはメシアとイエス・キリスト——イエス・キリストに救いあれ——の顔を血で汚し、メシアを討ったアラブ人〔ムハンマド〕が現れている光景を人々に想像させた。そして彼らは「ここに、イスラーム教徒の預言者ムハンマドによってうち負かされたメシアがいる。このムハンマドがメシアを討ち、そして殺した」と群集に向かって言っていた。

このことは、そこに大勢集まっていた女性を含むフランク人に大きな衝撃を与えた。実際、アッコンには彼らとともに、私が後述するごとく、敵の武将に決闘を挑んだ女性も何人かいた[28]。そして自ら戦いに参加できなかった者たちはお金を払って代わりの者を雇い、また身分に応じてお金を出し合ったので、数え切れないほどの人とお金が集まった。

クラック・デ・シュヴァリエ〔ヒスン・アル・アクラード〕に住んでいた一人のイスラーム教徒は私に次のことを話して聞かせた。彼はずっと以前にこの城塞をフランク人に引き渡した駐屯部隊の一員[29]で、そしてその後彼はイスラーム教徒の陣地を攻撃するためにフランク人に手を貸したこと、そして彼らの側に立って戦い、戦争したことをその後になって後悔したと。さらに、この男は海の向こうのフランク人やギリシア人の国々へ四隻のガレー船に乗って、救援を要請するために出発した。彼はクラック・デ・シュヴァリエに駐屯するフランク人部隊の一員でもあったと私に言う。「そして、我々の旅行は大都ローマで終わり、そこから我々は貨幣を満載したガレー船に乗って再び出航した」と彼は語った。そして一人のフランク人の捕虜が私に次のように語った。彼の母は彼以外に子供を持っていなかった。そしてこの二人は、この世に彼らの家しか持っていなかった。彼女はそれを売って、その金で息子を武装させ、エルサレムの解放のために送り出した。しかしその後、彼はエルサレムで捕虜になったと。

以上が、フランク人を〔十字軍に〕駆りたてていた宗教的、個人的動機である。彼らはあらゆる地方からあらゆる手段を講じて、海路と陸路を問わず集まってきて、戦闘に参加した。そして私たちがもっとあとで語るごとく、天上の神がイスラーム教徒のために、シリアに到着するまえにドイツ王を死なせてしまうことがなかったならば、かつてはシリアとエジプトがイスラーム教徒のものであったなどと人々がいつの日か言うようなことが起きたことであろう。

（Fr. Gabrielli, *Storici arabi delle Crociate*（『アラブ人が書いた十字軍史』）, pp. 171–172）

6　東方のキリスト教徒の哀歌

ここに紹介するテクストは一一九二年ごろ、第三回十字軍の直後、モスール〔ムスル〕地方のあるネストリウス派聖職者によって作成されたと思われるシリア語の哀歌の翻訳である。この作品は一一八七年以降に起きた出来事――サラディンの侵入、エルサレム王国の倒壊、十字軍への呼びかけ、フリードリヒ赤髭帝とイングランド王リチャード獅子心王の武勲――を哀歌の形式で記述している。しかし、このテクストが私たちの関心を引くのはその歴史的正確さ（ここでは、語り手はラテン世界を駆けめぐったトリポリ伯の裏切りについての噂に反応していることが指摘できる）よりも、それがこの危機を目前にして、イスラーム教徒の支配下に置かれていた地域に住む東方キリスト教徒が抱いていた感情を代弁しているからである。

この東方人の筆によって、私たちはエルサレムの陥落が引き起こした深刻な衝動と聖所の陵辱をまえにしての衝撃を追体験する。聖地のキリスト教徒の運命に関する悲嘆のなかで行われた告白には、いかなる不自然さも感じられない。諸教皇の書簡におけるごとく、作者はこの不幸をその犠牲となった人々の罪に帰している。彼は十字軍士を称え、そして十字軍に参加しながら途中で倒れたフリードリヒ赤髭帝を幸福者と公言して憚らない(30)。彼はシュワーベン公やイングランド王の武勲に感動する。そしてこれらの感情の一致することは、特筆に値する。

永遠の子、キリスト――すべての世界よりもまえにあり、始まりを持たない――は父に似ている。この父の慈悲は、罪人が罪のなかで死ぬことを望まなかったし、そして父はその忍耐強さのなかで罪人たちへの憐れみを持ち、罪人たちをそのまどろみから怒りの棒で目覚めさせ、彼らが彼らの罪を拒否し、自分のもとに来てその慈悲の大きな扉を叩くまで、その正義のなかで彼らを罰している。ああ。何という罰が哀れむべき山、シオンの上に下されたことか。怒りはあのとき、即ち、ノアとその箱舟の家族の時代と同様に、たちまちのうちに下された。聖都にして聖者の居所であるエルサレムは邪悪なサタンの怒りに委ねられ、そしてサタンはエルサレムをうち負かし踏みにじった。彼女たち可愛がられていたシオンの乙女たち、純潔であった高貴な女たちは容赦なく辱められた。彼女た

ちは一片の同情も示されず、捕虜として他人の家へ連れ去られた。

家々は悲しみの涙で、大小の修道院は罠で満ちていた。村と教会は悲しみで一杯だった。そして悲嘆のための救済は何一つなかった。アラビアの息子たち、ダマスカスとシリアの諸王は二〇万人もの精鋭の戦士を召集した。(31)

彼らは大群をなして前進し、ヨルダン川の岸辺で陣地を設け、「破壊せよ。破壊せよ」と叫びながらティベリヤードを取り囲んだ。

不運な都市ティベリヤードは自分に向かって前進してきたこれらの大軍をみると、神へ手を差し伸べ涙を流しながら、「主よ。私をお救い下さい。私をお救い下さい」と叫んだ。

一人の見張りが山から眺め、そして町の掠奪を確かめた。こうして、彼は不幸の到来を知った。彼はその場を立ち去り、そして国王に密かに知らせに行った。

敵は梯子を伝って、城壁の頂上まで登った。彼らはシンバルを打ち鳴らし、そして角笛を吹いた。彼らは町のなかに殺到し、すべての住民を捕虜にした。

王妃は呻き声が彼女の耳に達したとき、「ああ。ああ」と叫んだ。彼女はお供の女たちを連れて、湖に浮かぶ小舟に飛び乗って逃げた。(32)

この都市の王は苦悩、苦痛、悲嘆の衣装を身につけた。彼は数千、そして数万に達する頬髭を生やしていない勇者たちを集めた。(33)

偽りの異端者、伯、第二のユダ、陰険で不実な狼は戦闘の最中に卑劣にも逃走した。(34)

フランク人は恐怖し、気力をなくした。エジプト人は優勢になった。フランク人は彼らをまえにして、子供のように逃げ去った。彼らはダマスカスの人々によって奴隷の身分に貶められた。勇敢な王は捕虜として、ジクロン川[35]の岸辺に連行された。王は亜麻製の緋の衣を脱がされ、粗毛の衣服に着替えさせられた。

卑劣な伯、イスカリオテのユダは不実な罪を犯したのである。彼は逃走し、賢明なエルサレム王を苦境のなかに置き去りにした。

バリアンの息子も裸足で、……の息子とシドンの百人隊長ギヨーム、そしてその他総勢一二名とともに逃走した[36]。

彼らは一睡もすることなく、高い山々を通って逃げ、そして夜明けにエルサレムに着き号泣した。王妃アルサニス[37]はこの辛い知らせを聞いた。彼女はその知らせを深く悲しんだ。彼女は苦痛の呻きを上げ、胸を叩き始めた。彼女は冠を地面に投げつけ、袋で自分の身体を包んだ。

国王の友人たちが彼女のもとへ来て、彼女とともに涙を流し呻吟した。彼らは密かに協議し、強引に彼女をルア島へ避難させた[38]。ジェリコの町を深い悲しみが支配した。シロ地方も苦痛の呻きで満ちあふれた。アッコンでは人々は苦しみで泣き叫んだ。マエルジョでは人々は苦しみの涙を流していた。

すべての村と町で人々は「主よ。主よ。あなたは私たちが苦境に立たされているとき、どうして私たちから遠く離れたままでおられるのですか」と叫んだ。

王妃は手紙を書いたが、それを書き終わるまで彼女の涙は止まらなかった。彼女はその手紙に黒の封印を押し、それを大都ローマに送った。

「私たちはローマ教皇陛下であられるあなたを尊敬しており、私たちがシオンを失い、そして私たちを包囲する敵をまえにして逃走したことをあなたの偉大さにおいてお知らせしました。」

「教皇陛下。私たちの家系はもはや正義の者は一人も残っていませんでした。私たちの陣営にはもはや一人の司祭もいませんでした。このため、社会の攪乱者たちは私たちに反抗して決起し、そして彼らは私たちを煙でいぶり出される雀蜂のように、追い出したのです。」

「町のすべての壁はあなたに向かって叫び、いかなる加護も受けていないと言っています。山から切り出された石が、雨のように、私たちの頭上に降ってきています。」

「それ故、私の兄弟たちよ。王家の高貴な婦人たちが、財産を持たない人々の子女と同様に陵辱されたことを知ったとき、一体誰が涙を流さなかったでしょうか。一体誰が涙を流して呻吟しなかったでしょうか。」

「牧者は眠るかまどろんでいたのです。だから、狼たちは羊の群れを追い散らしたのです。彼らにとって何という不幸でしょうか。各自の裁判官席と向き合うとき、それは彼らにとって何という不幸でしょうか。」

「懲罰の船は今や、すべてのなかから選ばれた教会の門に錨を下ろしています。異教徒たちは相続者の家にむりやり侵入し、祭壇と石の家も汚してしまったのです。」

この手紙は「戦う人」(39) のもとに届いた。彼は手紙を開封し、陵辱が語られている言葉に達するまで、それを一行一行読んだ。

それから彼は深く息をしたが冷静さを失い、パリウムをはずして聖衣を脱ぐと、二度自分の胸を叩いて、「信仰の熱意に満ちた者は何処にいるのか」と叫んだ。

それを聞いたドイツ王(40)は、「私が神の恩寵を得て、私の富と財産を費やし、シオンへ急行する所存です」と言った。

彼は海川を渡り、山々を越え、谷を下った。彼と彼の軍隊は全員クレタ島に到着した(41)。そこで彼らは小休止した。彼はまだ疲れていたのであるが、泳ぎに出かけ、その川でこの幸福者は溺れ死んだのである。激しい恐怖が彼の部隊をとらえた。

彼の長子、祝福された息子は父の遺体を屍衣に包み、敬意をもってそれに付き添った。彼は夜も朝も行進を続けアッコンに着くと、その町を包囲した(42)。

彼は囲壁に大小の突破口を開けた。彼は町のすぐしたに大きな壕を掘った。彼は石や岩を町に向けて放った。そして三つの門を破壊して町のなかへ進軍した。

「若獅子」とも「光輝」とも渾名される、イングランド王が彼のそばに来た。彼は一時も休まず、日夜ぶっ通しで戦った。

あの日、彼は敵に向かって雷鳴のような大声で叫んだ。彼は海から町へ向かって突進していった。彼は一万二千の兵士を包囲し、敵の指揮官とその部隊を分断した。

彼はザバ丘陵で七千人の戦士を虐殺した(43)。彼は残る敵の指揮官と老兵たちを船に乗せてローマに輸送した。

彼はアスカロンを攻撃するため船に乗り、目的地に進入した。彼はクワークーンにあるいくつかの城を奪取した。彼は部下を派遣して、シャキーフ・アルヌーンをスパイさせた。(44) 彼らは彼をナンの息子、ジョスエのように、恐れていたのである。

そのとき、イスマエル族の王が激怒した。彼は一〇万の精鋭に武装を命じた。彼は密かにシオンを脱出し、ヤッファでイングランド王を包囲し、捕虜にして連れて帰ろうとした。

しかし次の日ここに到着すると、彼はためらうことも休止することもなく、「彼らに数限りない陵辱を加えるために、一部隊を送れ」との伝言を持たせて、一人の使者をアッコンに派遣した。

戦闘が正午に始まった。そしてヤッファは敵の重圧に喘いだ。しかしイングランド王は、英雄のように、彼らを山の麓まで撃退した。

エジプト軍はまだ生存者がいたのを知って驚いた。そしてイングランド王は交渉を重ねたあと、サラセン人と和平を結んだ。そして彼らは征服者としてローマに戻った。(45)

イザイの息子、ダヴィドよ。墓から出て、あなたの詩編と聖歌で、あなたの生地ベツレヘムを慰める歌を作れ。

エレミアよ。地から甦り、哀歌を作り、荒廃したエルサレムのために歌い、エルサレムとともに一晩中嘆き悲しむがよい。

セイレンは人々のなかにいて、虐待された孤児の死を悼む。孔雀は葦のなかで若者たちの遺体を悲しみ嘆く。

私たちを救い出し、自らの血で私たちを贖った、そして王国でのかくも多くの祝福を私たちに約束され、そしてその恩寵と慈悲によって、世界の何処であれ、平和と平穏のなかで私たちが生まれることができるようにしていただいた神の子を声を限りに称えよう。その方は司祭たちに彼らの教会において平和を与え、諸王をその権力のなかに維持し、そして私たちの国のなかにその横溢する愛をまかれている。そして哀れな罪人であるこの私に対しても、その方は私の過ちをあなたたちの祈りによって許して下さった。そして父と子と聖霊に永遠の賞賛がありますよう。

(Th. Nöldeke, *Zwei syrische Lieder auf die Einnahme Jerusalem durch Saladin*〔「サラディンによるエルサレム奪取に関する二つのシリア語の歌」〕, in *Zeitschrift der deutschen morgenlandischen Gesellschaft*, t. 27, 1873, pp. 489–510)

7　十字軍の歌

ここに紹介する十字軍の歌二編の最初のものは、ベチューヌの代訴人の兄弟、コノンの作品である。彼は実際、第三回と第四回の十字軍に参加し、第三回十字軍で『ああ、愛。何と辛い別離か』を書いている。彼はラテン帝国では高職にあり、一二一九年に死んだとき、摂政としてラテン帝国を統治していた。一一八八年に彼が書いた十字軍の歌は十字軍に出発する騎士とその妻との別離がテーマとなっている非常にたくさんの作品のなかの一つである。しかしコノンは別離のテーマのみに終始しない。それに関しては、別離の悲嘆のあと、騎士の愛する妻が戦闘で成しとげた夫の武勲を聞いて感動するまでの筋書きをほのめかしているにすぎない。この作品では騎士が神に負っている奉仕義務、騎士を待ち受けている永遠の幸せが主題となっている。しかし、この吟遊詩人は贖宥の適用を十字軍遠征に金銭的に協力する人々にまで広げている教皇勅書の規定を想起させている。しかし、その贖宥の適用を出発する者に忠誠でありつづける女性にまで広げているのは、彼自身の判断によるものでしかない。

もう一つの十字軍の歌『私は私の勇気のために歌う』はギヨ・ド・ディジョンの作品と考えられている。彼はこの作品のなかで愛する女性の口を借りて、別離の辛さについての不満とサラセン人の残忍さに晒された愛する男性に代わっての恐怖の告白とを吐露させている。

この美しい作品の作成年代も、たぶん一二世紀に置かれるであろう。

天国、名誉、私の恋人の愛

ああ、これが愛なのか。私はこれまで愛し、仕えてきた最愛の女性となんと辛い別離をしなければならないのか。私が苦しみのうちに彼女のもとを離れると同じように、神はその優しさのなかで私を彼女のもとに連れ戻すことができるとでも言うのであろうか。ああ、私は何ということを言うのか。私は彼女と別れはしない。たとえ私の身体は主に仕えようとも、私の心はそのまま彼女のもとに止まるであろう。

私は彼女に恋い焦がれながら、シリアへと旅立つ。いかなる者も創造主に背いてはならないのだ。援助を必要としているときに創造主に背く者よ。創造主はあなたたちが大いなる窮地に陥っても、あなたたちに救いの手を差し伸べないことを知るがよい。そして、身分の高い者であれ低い者であれ、すべての者は騎士道精神を発揮すべきはまさにこのときであることを知るがよい。そのときこそ、人は天国と名誉、褒賞と賞賛、そして恋人の愛を獲得するであろうから。

神よ。私は閑暇のなかにあってかくも長く勇敢であったことか。今こそ真に勇敢な者が現れるであろう。私たちは誰もが激怒し、恥じ入らねばならない苦しみの恥辱の仇を討つであろう。この私たちの時代に神が私たちのために苦しみ、苦悶に満ちて死んだ聖地が失われたのであるから。もし私たちがそこに私たちの仇敵を放置するならば、私たちは一生恥ずべき者になるであろう。

ここで屈辱の人生を送りたくない者は、神のため、歓呼と歓喜のなかで死ぬために出発しよう。この上なくありがたき天国を手にすることができるこの死は、何と穏やかで甘美なことか。死によって死ぬ者は誰一人いない。すべての者は栄光の生命を生きるのだ。帰還する者も非常に幸福である。その者はいつまでも妻に対して名誉を持ちつづけるであろう。

祖国に残り、喜捨と寄付をおこなう聖職者と老人もすべて、出発する者に対して貞節を守り、清らかに生きる婦人たちとまったく同じように、この巡礼に参加することになる。もし彼女たちが悪しき言葉に惑わされ不品行にはしるならば、その相手は卑劣で臆病な男たちに違いない。善良な男たちはすべてこの遠征に参加することになっているから。

神はご自身の聖なる遺産のなかで攻囲されている。トルコ人が奪取している十字架で死ぬとき、神が闇の牢獄から連れ出した者たちが神を救い出すのをその地でみるであろう。貧困、老齢、病気に苦しむ者を除き、出発しない者はこの上なく嫌悪されることを知るがよい。しかし、健康で若くて富裕な者は恥なくして祖国に止まることはできないであろう。

ああ。私は涙を流しながら、神が私の勇気を試そうとされるところへ出発する。そして遠征の間中、この世で最高の女性のことを、言葉で言い表せないほど思い続けるであろうことをよく知るがよい。

(Conon de Béthune, *Ahi! Amours, con dure départie*（『ああ、愛。何と辛い別離か』), d'après J. Bédier, *op. cit.*, pp. 27–37)

主よ、私に代わってその恐怖に怯えるこの巡礼者を助け給え

私は私が鼓舞しようと願う私の勇気のために歌う。それは話したいと思うとき、私の心を和らげてくれるその人が今いる不毛の地から誰も戻って来ていないのを知るとき、途方もなく残念な気持ちで死にきれないからです。

神よ、彼らが「怖い」と叫ぶとき、主よ、私に代わってその恐怖に怯えるこの巡礼者を助け給え。

サラセン人こそが残忍なのですから。

私は彼が戻ってくるのを再び目にするまで、このままの状態で苦しみつづけるでしょう。彼は今、巡礼の途中にあります。それ故、神よ、どうか彼を帰還させて下さい。そして私の親族全員に勧められていますが、私は彼以外の男性と結婚する機会を見いだしたくありません。結婚のことで私のところに来る人たちは何と愚かなのでしょう。

神よ、彼らが「怖い」と叫ぶとき……

私の心を悲しませるのは、私がこのように何度も苦しんでいるその人が、今ボーヴェ地方にいないことです。そのため、私は楽しみと笑いを失ってしまいました。もし彼が素敵な男性で、私が淑女であるならば、主よ、なぜあなたはこのようなことをなさったのですか。互いに好き合っているのに、どうしてあなたは私たちを引き離すのですか。

神よ、彼らが「怖い」と叫ぶとき……

私が待っているのは、私が彼の忠誠を獲得しているからです。そして、私の愛する人が今いるあの甘美な国からそよ風が吹くとき、私は進んでそのほうに顔を向けます。それは私の灰色のマントの内に彼を感じることができると思うからです。

神よ、彼らが「怖い」と叫ぶとき……

私は出発に際して、彼を見送らなかったことをとても残念に思いました。彼は着ていた下着を、私にそれを抱くようにと送ってきてくれました。夜、彼の愛が私の心を焦がすとき、私の苦しみを和らげるため、私は彼の下着を私の身体、裸の肌に当てるのです。

神よ、彼らが「怖い」と叫ぶとき……

(Guyot de Dijon [?]、*Chanterai por mon corage*(『私は私の勇気のために歌う』), d'après J. Bédier, *op. cit.*, pp. 109–117)

8 ある十字軍士の遺言書

第五回十字軍の遠征中に倒れた、このボローニャ出身の十字軍士の遺言書によって、私たちは十字軍遠征の途中で罹病、または負傷したあと死亡した非常に多くの素性不詳の十字軍士たちの一人の最期の瞬間に立ち会うことができる。この遺言書の非常に簡潔な文章は十字軍士の全財産を構成していた、いくつかの不動産の全容を明らかにしてくれていると同時に、どのようにして臨終の者が戦争と軍隊の基金のためにそれらを提供したかを教えてくれている。

主の受肉の一二二〇年一二月末日の九日前、インディクティオの七年、ボローニャ出身の十字軍士バルゼッラ・メルクサンドロはダミエッタのキリスト教徒の軍隊のなかで重病に罹り、以下の遺言書を作成させた。

第一に、彼は魂の救済のために、ビザンツ貨五枚を葬式と埋葬の費用として残した。ミサを挙行してもらうべく、彼は彼のバーバリー産の馬を遺言執行者、すなわち、彼が執行者として指名した司祭エギディウス、妻ギレット、ライナルドス・マルディナリウスに残した。彼は埋葬場所として選んだチュートン騎士修道会に、彼の武器、甲冑、長袖と頭巾が付いた鎖帷子を残した。

同じく、彼の地で次の聖ミカエルの祝日〔九月二九日〕まで彼とともに滞在することになっていた一人の男に、その男の魂の救済のために、彼が上記の軍隊で所有していたものを残した。それらはビスケット二袋、小麦粉二握り、ブドウ酒二本、腕と同じ長さのベーコン四分の一、亜麻布の夜着、パン・ブドウ酒購入用のビザンツ貨六枚である。

司祭エギディウスにミサを執行してもらうべく、ビザンツ貨一枚、ライナルドス・マルディナリウスにビザンツ貨二枚、コラッディノ・デ・ポンテクロに帝国シリング小貨五枚を残した。

彼は同伴者全員に、ビザンツ貨三枚を残した。彼は彼の同伴者たちと彼の妻ギレットに以下の条件で、家と動産の取り分を残した。すなわち、彼の同伴者たちは彼の妻に対して、彼らがこの家のなかに完全かつ平穏に住みつづける限り、今まで軍隊のなかでそうしてきたごとく、家と動産にいかなる損失も生じさせてはならない。

彼は彼の魂の救済のために、ジャコボ・デ・ウルギアーノ[46]にビザンツ貨二枚、聖ラザール病院[47]にビザンツ貨一枚、軍隊の金庫にビザンツ貨一枚、上記司祭エギディウスにビザンツ貨五枚を残した。

彼が軍隊、外地、そしてダミエッタの町で発見され、そしていかなる方法であれ、彼のものとなりうる戦利品の分け前[48]に関して有しているか、また有しうるその他すべての動産・不動産に関しては、それらすべてを上記の彼の妻ギレットに遺贈する。

しかし、彼がボローニャとその地方において所有するすべての財産に関して、彼はその相続人として彼の母ベルテと兄弟のブレズ殿を定めた。

これは、彼の最後の意思である。そしてこの遺言が遺言書の法律に従って有効となりえないならば、それは遺言補足書の法律に従って、そして自由の状態で最終的に表明された彼の願望として有効となろう。この遺言はダミエッタのキリスト教徒の軍隊内、遺言者とその同伴者たちの家で作成された。

(Wentworth S. Morris, A Crusader's Testament(『ある十字軍士の遺言書』), *Speculum*, vol. XXVII, 1952, pp. 197–198)

9　十字軍士と十字軍忌避者の論争

これは、たぶん、吟遊詩人リュトブフが十字軍に関して書いた作品のなかで最も有名なものであろう。ここでリュトブフはシチリアのマンフレット、コンスタンティノープルのミカエル・パレオロゴス帝、そして主として聖ルイ王治世の晩年に聖地とテュニスのサラセン人に対して計画された遠征への、フランスのキリスト教徒に向けられたすべての呼びかけを反映させている。ここにおける十字軍への呼びかけはもう一人の騎士を引き込もうとする十字軍士と、あらゆる逃げ道を探し出そうとする十字軍忌避者との間の論争の形をとっている。すなわち、自らが破産すること、そして家族を破産させることの拒否、自己を聖化する方法がほかに存在するときの巡礼の無用さ、諸君主、聖職者といった他の者への十字軍の責任の転嫁、霊的完成の手段としての十字軍の効用に対する疑問など。

この『論争』は、十字軍に対するこれらの批判的意見を扱っている唯一の史料ではない。教皇グレゴリウス十世は第二回リヨン公会議（一二七四年）の前日、新しい遠征の組織に関する若干の取り決めをまとめる際、その他の論拠も加えている。そして、西ヨーロッパの北と南の吟遊詩人の筆のもとでは、このような論拠は決して新しいものではなかった。

アンベール・ド・ロマンが彼の著書『三部作』のなかで、十字軍忌避者をやり込める論拠を十字軍説教師に与えることに腐心していると同時に、十字軍を批判する意見は非常に顕著なものであった。しかし、十字軍は一二七〇年ごろもその力を失ってはいなかった(49)。

聖レミの祝日〔十月一日〕あたりのある日、私は所用で馬に乗っていたのですが、考え事をしていました。というのは、神が最大限のことをしてやらねばならない人々、すなわち、いかなる友もなく――このことは容易に理解できることであるが――、あまりにも敵の近くにいるため、投石器の射程内に入っていたアッコンの住民がこの上なく重大な危険に晒されていたからであります。私はあまり深く物思いに耽っていたので、道に迷うところでした。私はそれまで知らなかった堅牢に囲まれた城館をみつけました。そして、私はそこに隠遁していた人たちに私を迎え入れるよう頼んだのです。

そこには四人の騎士がいて、彼らはフランス語をとても流暢に話していました。彼らは夕食を済ませると、いつも森の近くの果樹園に行って、はしゃぎ回っていました……

彼らのうちの二人は残りの二人に喋らせていました。そして生垣のすぐ近くにいた私は、彼らの話に耳を傾け始めました……。彼らは洒落や冗談を言い合っていたのですが、これから皆さんにお話しすることも議論し合いました……

彼らの一人は十字架をとっていたのですが、他の一人はそうすることを望んでいませんでした。彼らが議論していたのはそのことについてで、十字軍忌避者は十字架を侮辱する気はないが、手を差し出すことを望んでいなかった者に十字架をとるよう決意を促したのです……

最初に、十字軍誓願者は言う。「心優しき友よ。私の言うことを聞いてくれ。あなたは神があなたのなかに英知をお与えになったこと、そしてあなたは善と悪、友と敵をはっきり区別していることを十分認識している。もしあなたがその英知を正しく使うならば、あなたの報酬はすでに約束されている。」
「あなたは聖地の不幸を見、聞き、知っている。もし神のものである土地をこのような戦争状態のなかに放置しておくならば、一体誰が自分は勇敢であると自慢することができるのか。ある人は百年生きるだろう。しかしその人は悔悛し、聖墓の奪還に出発するときほどの名誉を獲得することはできないのだ」と。

十字軍忌避者が言う。「私はあなたがそのように話す理由をよく分かっている。あなたは私が私の財産を雄鶏に与え、そして私が飛び立つよう私に説教しているのでしょう。私の子供たちは藁の上に居つづける犬たちの世話をするでしょう。〈おまえが持っているものは、おまえ自身で持て〉と人は言っている。これは非常に長い経験から生まれた優れた諺です。」
「したがって、あなたは今から私が十字架をとり、彼の地へ出発し、そして四〇ソリドゥスのために百ソリドゥスの値打ちのあるものを担保に入れなければならないと考えているのですか。私は神がそのように種を播くように教えているとは思いません。そのように種を播く者は非常に少ししか収穫できず、そしてそのような者はきっとうち負かされるでしょう」と。

十字軍誓願者は言う。「あなたが裸の母親から生まれたことは誰もがよく知っている。そしてあなたは今日まで生き、そして今ではよい身なりをしている。しかし、神は与えられたものを百倍にも二百倍にもしてお返しになることを考えてみなさい。このような素晴らしい利益に与らない人は不幸な人とみなされる。」

「やれやれ、今では誰もが容易に天国を手にすることができる。聖ペテロと聖パウロは天国をあまりにも高い値で買ってしまった。あなたはそのことを、彼らが非常に高価な財産、すなわち、頭と首とを交換に天国を獲得したことから分かるだろう。しかし、ご覧。彼らは二人とも見事に成功したではないか」と。

十字軍士になる気のない者は言う。「私はローマやアスッリアスやその他の方面へ向かうにしても、少量の金を集めるのに四苦八苦している人々をみて驚いている。それに、彼らは下女も下男もいらないような気楽な冒険を探している。」

「祖国で、一体、誰が大きな損失を蒙ることなく、神を手にすることができるのだろうか。あなたが海の向こうの彼の地に行くというのであれば、それはあなたが狂気に忠誠を捧げたからです。私は故郷で神を得、相続財産で暮らすことができるとき、他の人に隷属する者は生まれながらの気狂いと言うしかないでしょう。」

十字軍誓願者は言う。「苦労せず、笑いと引き換えに、神を手に入れようと望んでいるあなたは、誰もがそう表明できないということが何という誤りかと言う。それでは、魂の救済を得るために、殉教者としての苦しみを味わった聖人たちも狂気を演じたことになるのか。あなたは言ってはなら苦難を恐れる必要はない。そして、それは最後の最後までそうなのです。」

を比較することはできない。人が修道士になるのは、この苦しみのためです。神のために経験する

「さらに、人間が耐えうる苦しみと人間が到達しうるか、到達しなければならない至上の喜びと

ないことを言っている。」

十字軍忌避者は言う。「十字架について説教されたあなたは、私が正道から外れていると苦しんでいる。冠を戴く高位の人々、神に全身を捧げ、そしてこの世においてすべてのやさしさを持ち合わせている高位の聖職者に説教して下さい。このカードの配り方はあまりにも悪すぎる。罠に落ちるのは決まって私たちのほうです。」

「平聖職者と高位聖職者は神に加えられた恥辱の復讐をしなければならない。彼らは神からの年金を受け取っているのです。彼らには飲み物も食べ物もあります。雨が降っても、風が吹いても、彼らには一切関係ありません。この世はすべて彼らの権力のなかにあるのです。彼らがこれこれの道を通って神のもとへ行くならば、その道を変えることは気狂い沙汰です。その道はすべてのなかで最も心地よい道だからです。」

十字軍誓願者は言う。「だから、聖職者は上の者であれ下の者であれ、放っておくことにしよう。次に、天国を手にするために、身体を危険に晒し、子供たちを神に差し出すことを承諾しているフランス王を見てみよう。しかも同王はそのことで心を動揺させてはいない。あなたは王が準備をし、

私があなたに催促しているそのことを実行することが王に相応しいことだというのが分かるでしょう。」
「王は止まることで、私たちが持つ以上の利益を得るのです。しかし王は私たちが〈領主〉とみなす、そして十字架上で辱められた人に対して、身体でもって忠誠であることを望まれているのです。もし私たちが神に仕えようとしないなら、ああ、あまりにも気狂いじみた生活を送っている私たちには、泣き悲しむことが多すぎないだろうか。」

十字軍忌避者は言う。「私は隣人たちの間で暮らしたいし、楽しみもしたいし、冗談も言い合いたい。あなたは大きな手柄を立てることができる海の彼方の牧草を食べに行こうとしている。あなたの主人、スルターンに私は彼の脅迫に動揺などしないと伝えて下さい。もし彼がここまで来るなら、それは私にとって不幸なことです。しかし、私から彼を探しに彼の地まで出かけることはしない。」
「私は誰に対しても悪いことはしない。だから誰も私に悪口を言ったりはしない。私は早く床につき、熟睡し、私の隣人たちに友情を持ちつづけたい。だから私はローマの聖ペテロに誓って、他人から大金を借り、以後それに大きく煩わされるよりも、祖国に止まっていたほうがよいと考えるのです。」

十字軍誓願者は言う。「あなたは自分の好きなように生きることを切望している。しかしあなたは自分が十分に生きていると思っているのか。あなたはそのような生き方がどの書物に記されているのか知っているのか。食べ、飲み、酔っぱらうがいい。人間は罠に落ちやすい。そして人間の生命と壊れた印章とは異なるところのないことを知るがいい。」

「ああ、哀れなあなたよ。死があなたを追いかけている。死はやがてあなたを罠にかけて捕らえるだろう。死はあなたの頭上で棍棒を振り上げている。死は老人であれ若者であれ、無差別に捕まえる。一瞬あなたの足はよろめいた。そしてあなたはこんなにまで神を軽蔑した。しなければならない最低のこととして、善良な人々が賞賛と平和を得ながら残した足跡を少しでも辿りなさい。」

十字軍忌避者は言う。「十字軍誓願者殿。私は本当に驚いている。庶民であれ賢明な者、富める者であれ、多くの者が海を越えて出かけているとは。その一部は豪勢な暮らしをし、また他の者たちは清く正しく生活している。そしてもちろん、私は彼らがそこで魂をよりよくすると思われることを行っていると考える。ところが、彼らは戻ってくると、一銭の値打ちもなくなってしまう。」

「もし神が地上のどこかにいるならば、きっとフランスにもいるでしょう。神をまったく愛していない人々に神を見いだすことなど考えないように。私は夏になると、一滴一滴しか流れない泉よりも、いつも水を湛えた泉のほうが好きです。そしてあなたの海はあまりにも深すぎるので、私がそれを怖がるのも当然と言えるのではないのか。」

十字軍誓願者は言う。「あなたは死を恐れてはいない。あなたは死が避けられないことを知っている。そしてあなたは死があなたを狙っていると言う。一体、このばかげた考えはどこから生まれたのか。たぶん、それはあなたのなかに隠れている、そしてあなたの心をとらえている悪でしょう。もし死——それは知らないうちにやってくるのだが——があなたを苦しめるなら、あなたはどうするつもりか。」

「善人が定着しない限り、悪人がこの世にはびこってしまう。悪人は牛のごとく、自分の寝床で死ぬ。彼の地で死ぬ者は、ちょうど好い時に生まれてきたのだ。しかし止まる者は救済されることはない。各人、なせる最高のことをせよ。彼らは最後には、彼らの無為に涙するだろう。そしてたとえ彼らが死んでも、彼らに涙する者はいない。」

「それ故、あなたは苦労せず、地獄の炎から逃げ、借金し、信用で出資し、好きな女性と交わることができると考えるが、もし身体が魂を救うことができるなら、私の身に起こるであろうこと、すなわち、捕虜、戦争、子供や妻との別離といったことは、私にとってはほとんど重要ではない。」

十字軍忌避者は言う。「親愛なる兄弟よ。私がどのようなことを言いえたとしても、あなたは私を説得し、そして完全にうち負かしてしまった。私はあなたの考えに同意する。あなたは私に気に入られようとはしなかったが、私は平和を結ぶ。私は今すぐ十字架をとる。私は神に私の身体、財産を委ねる。これに関して、神に義務を果たさない者は正しく償われるに値しないだろうから。」

「娘から母を作り、その高価な血で私たちを苦しい死から救ってくれた、いと高き栄光の王の名において、私は明澄な喜びに達すべく、十字軍士になることを決意しました。なぜなら、自分の魂を忘れる者は正当な権利として王によって償われるでしょうから。」

(Rutebeuf, *La disputaison du croisié et du décroisié*,（『十字軍士と十字軍忌避者の論争』), in J. Bastin et E. Faral, *Onze poèmes de Rutebeuf concermant la Croisade*, Paris, 1946, pp. 84–94, *Documents relatifs à l'histoire des Croisades*, t. I)

第三章　十字軍のキリスト教徒

1　哀れなキリストの騎士

『新しい騎士への讃歌』は聖ベルナールによって、最近の発見が解明を可能にした諸条件下で書かれた(1)。一一一八年、または一一一九年以降、騎士の一団がエルサレム王国内のまだ治安の悪かった道路の安全通行を保証したりして、諸聖所を訪れていた巡礼者の奉仕に従事していた。これら「哀れなキリストの騎士」は常駐するために、エルサレム王からソロモン神殿を譲り受けていた。彼らはエルサレムの教会組織、すなわちエルサレム総大主教と聖墓教会参事会員に従属していた。そして彼らは病人を看護し、貧者を宿泊させることで、同様に巡礼者の奉仕に従事していた聖ヨハネ歓待修道会と同じように、この種の第三団としての騎士修道会にとって福音の掟に沿った生活を送ることを可能にする戒律を自らに課すことを目指していた。したがって、聖アウグスティヌスの戒律が共同生活の手本として導入できると彼らには思われた。しかし彼らが自ら選んだ指導者ユグ・ド・パンは新しい兄弟たちを募るために西ヨーロッパへ旅立つとき、その戒律のことで、一一二八年に開催されていたトロワの公会議に出席の諸教父のもとを訪れた。そしてたぶん彼の親戚筋に当たっていた聖ベルナールの影響下に、この神殿騎士団の戒律は聖ベネディクトゥスの戒律を手本に作成されたのであろう。

しかし、ユグの不在中、騎士たちの間で不安が感じられた。彼らが信奉してきた修道生活の形式はまったく新しく、また定着していなかったのである。そして神殿騎士団員のなかで、一部は聖墓教会参事会員の従属者であることに耐えられなかったとしても、多くの者はこの若い修道会を離れて観想の生活を選択する方法、つまりベネディクトゥス派修道院か参事会修道院などの修道院組織に入り、「より高次の生活に移る」か否かを自問していた。

ユグ・ド・パンは最近発見された書簡を彼の修道士たちに書き送ってこれに対処したのであるが、そのなかで彼はこの不安の原因として高慢の誘惑と悪魔のごとく変わりやすい心とを激しく非難している。他方、彼は教皇の確認文書も得ており、それが騎士たちを安心させたに違いない。

しかし同時に、彼は騎士たちに彼らの仕事に精励するための理由を提示してくれるよう聖ベルナールに依頼した。このようにして、一一三〇年の少しあとに書かれた論文『新しい騎士への讃歌』がその姿を現した。ここにそのテクストを紹介するのであるが、それはこのクレルヴォ修道院長の精神のなかでいかにして新しい形式の人間、つまりそのときまで福音の要求と両立しえないと考えられていた職務、武器による職務実践のなかで修道生活を送ることのできるキリストの騎士が形作られていったかを示すことができるであろう。

キリストの騎士にして、キリストの騎士団の長であるユグへ。クレルヴォ修道院長に値しないベルナールが正義のために戦うことを願う。

いと親愛なるユグよ。あなたは私の誤りでなければ、三回あなたとあなたの仲間のために激励の説教を書くよう私に依頼してきた。あなたは私に槍をとることが禁じられていることから、横暴な敵に対して私のペンを振りかざすよう求めた。あなたは私が武器でもってあなたたちを助けることができないことから、書簡によってあなたたちの士気を鼓舞することがあなたたちにとって真の慰めとなるであろうと言ってきた。本当のところ、書簡を書くのが少し遅れてしまった。それは私がこの依頼を軽視していたためではなくて、軽率にそして過度の熱意でもってそれに取り組むことを避けようとしたためである。私よりも優れた人であれば、私は不適格と思ってきたこの仕事を本当に上手に仕上げることができたであろうし、そして私は自らその必要性を痛感している仕事をその人以上にうまく成しとげられないのではと恐れてきた。しかしこのように長い猶予のあと、私のこのような躊躇が無為であることを悟り、そして返事を出さないでいることは私の無能力よりも不誠実の所為にされかねないと悟った。私は私にできる限りのことをした。この書簡を読めば、私が私に要求されていたことに応えているか否かが分かるでしょう。私の書簡の内容が気に入らないか不満足であることもあろう。しかしそのことは私にとって、私が私の能力に応じてあなたが私に期待していたものに誠実に応えたことと比べて重要ではない。

新しい騎士

少し前、天から降りてきた日光が肉をまとって住みにきていたその国で、新しい型の騎士が現れたことが知られていた。まさしくこの地においてその方は今日ご自身がご自分の戦士たちの手を介して、不誠実の子供であるこれら諸王の追随者たちを皆殺しにしたと同様に、ご自身の力で闇の諸王を征服された。さらに、その方はご自分の民の罪を償うであろう。その方は再び私たちのために、ご自身の子、ダヴィドの家のなかに救済の角を突き立てるでしょう。

私が言ってきた新しい騎士とは、私たちの時代よりまえの時代が知らなかったものである。それは倦むことなく二重の戦い、すなわち肉と血に対する戦いと、俗界に広まった悪の精神に対する戦いとを行う騎士のことである。この騎士が肉体としての敵の攻撃にただ肉体の力で勇敢に対抗する限り、私がそれに驚き、そのなかの何か特殊なものを賞賛する理由はない。また、魂の諸力で悪徳や悪魔に戦いを挑むのをみることも、仮にそれが賞賛に値するとしても、驚くべきことではない。この世は、実際に、修道士たちによって満ちあふれてはいないか。しかし私にとって特別であると同時にすばらしいと思われるのは、この修道士が二重の戦いのために剣を帯び、そして盾で身を固めるのをみることである。

これこそがすべての危険から完璧に守られた、恐れを知らぬ騎士である。彼の身体は鉄の甲冑に包まれている。彼の魂は信仰の甲冑に包まれている。このように守られた彼は、人間も悪魔も恐れはしない。そして、死を熱望するこの騎士がどうして死を恐れるであろうか。

彼は生や死に関して、一体何を恐れるのであろうか。彼の生命はキリストである。彼の死の報酬はキリストである。彼は忠実かつ自ら望んでキリストのために堅固である。しかし彼はより激烈に戦って倒れること、したがって、キリストのもとに集まることを切望している。なぜなら、そこが最高の持ち場であるから。それ故、騎士たちよ。完全なる安全のなかに守られて行き、そして恐れることなくキリストの十字架の敵に立ち向かえ。あなたたちは死も生も、キリスト・イエスにおいて根を張る神の愛からあなたたちを引き離すことができないことを知っているではないか。あなたたちはあらゆる危険のなかで、「生きるにしても死ぬにしても、私たちは主のものなのです[2]」と繰り返して言うことができる。戦いの勝利者として帰還する者は何と栄光に満ちあふれることか。戦闘で殉死する者は何と幸いであることか。勇敢な戦闘者よ。もしあなたたちが生き延び、そして主において勝利者となるならば、より一層喜び誇るがよい。なぜなら、あなたの生命は実り多く、そしてあなたの勝利は栄光に満ちているので。しかし死はより多くの魅力を持っている。死はより実り豊かで、より栄光に満ちている。なぜなら、主において死す者が幸せであるならば、主のために死す者はより遥かに幸せであるので。

その上、寝床で死のうが戦闘で倒れようが、「主の慈しみに生きる人の死は主の目に価高い[3]」ことは明らかである。しかし戦闘中であれば、死は確かにそれがより栄光に満ちていると思われるが故に、それだけ一層価値があることに間違いはない。人間が純粋な心を持つとき、生においてその者は何と守られていることか。私が常に言っているごとく、恐怖することなく死を待つとき、生命は何と不安から免れていることか。そして死を平穏な心で待ち、それを愛でもって受け入れるならば、これ以上のことはない。

世俗の騎士と彼らが蒙る危険

この騎士は、キリストのために戦わないときでも、通常、人間を脅迫する二重の危険から守られ、真に神聖にして安全である。事実、この世の騎士が集合するときはいつも、そこに加わっている者たちはもし彼らが敵をその身体において殺すならば、その魂をも殺せると同様、自らも敵によって身体と魂を殺されてしまうことを恐れるに違いないので。

キリスト教徒は危険や勝利を武器の手柄によらず、心の在り方によって認識する。戦う目的が正当であるとき、その戦闘の結果は悪くなりえない。もしその目的がよくないならば、その結果はもちろんよくないし、そしてそれは悪意の当然の結果である。敵を滅ぼそうとの意図を持つ者はもし自らが倒れるならば、殺人者として死ぬであろう。たとえ勝利しても、勝利者になろうとか仇を討とうとかの意図をもって人を殺害したならば、その者は殺人者として生きることになる。

生とか死は重要ではない。なぜなら、勝者であれ敗者であれ、その者は殺人者でありつづけるので。

何と不幸な勝利か。敵を倒しても、その者は罪に屈するとは。怒りや慢心からしたことであれ、人を殺したことを誇ることは無益である。しかし復讐したい、または勝利したいとの願望によらず、単に危険を免れるために人を殺す場合もありうる。しかしこの場合、私はそれが申し分のない勝利であると言ったことは一度もない。なぜなら、これら二つの悪のなかで、魂においてよりも身体において滅びることのほうが重大ではないので。魂は自らが罪を犯したときに死ぬだけで、身体が滅んでも魂は死なない。

世俗の騎士と彼らのむなしい名誉心

したがって、この世俗の騎士、否それよりもこの悪意(4)はなに故に存在し、何の役に立っているのであろうか。それが殺人を犯すとき、それは大罪を犯している。それが殺されるとき、それは永遠の死によって滅びる。真実、使徒は「耕す者が望みを持って耕し、脱穀する者が分け前に与ることを期待して働くことは当然です(5)」と言った。したがって、ああ、騎士たちよ。かくも多くの費用とかくも大きな辛苦を伴って、死や罪のみを得るために戦争することの、この唖然とさせる過ちは何と言うものか。また、この耐えがたき怒りは何と言うものか。

あなたたちは自分の馬を絹布で覆っている。あなたたちは胸甲の上から、それがどういうものであるか私には分からないが、布を垂らしている。あなたたちは槍、盾、馬鞍を絵で飾っている。あなたたちは拍車と鐙を金、銀、宝石で飾っている。そしてこのように限りなく飾りたてて、あなたたちは恥ずべき怒りと破廉恥な愚かさをもって出陣する。それらは騎士に相応しい紋章なのか。女性に好かれる装飾なのか。あなたたちはまさか敵の剣は金を敬い、宝石をいたわり、絹布を貫くことができないなどと思ってはいないだろう。要するに、私の経験が最も頻繁に、そして最も確実なものとして私に教えたことは、戦闘者には次の三つが必要であるということである。すなわち戦闘者とは勇敢、巧妙かつ細心に防衛できる騎士であること。戦闘者は疾駆できること。戦闘者はすばやく攻撃できること。これらとは反対に、あなたたちは女性のごとく、髪を長く伸ばしているため、あなたたちの視界は遮られてしまっている。あなたたちは長くてだぶだぶの下着を着けているため、自在に歩くことができない。あなたたちは華奢な手を身体の周りではためく大口の袖のなかに隠している。

戦士の意識にとって何にもまして最も恐るべきものは、このような軽佻浮薄な騎士道精神が存在するということで、それこそが騎士をかくも危険に満ちたものにしている。実際、何があなたたちの間で戦争を引き起こしているのか。もしそれが怒りの不合理な表出、むなしい名誉心、地上の財産を所有したいとの欲望でないとすれば、他に何が争いを生じさせているのか。この種の動機によって殺したり死んだりすることが道理に合わないことは言うまでもない。

キリストの騎士は死に無関心

これらとは反対に、キリストの騎士は主のために戦うとき、彼らは完全に守られているため、敵を殺すことによって罪を犯したのではと心配する必要もなく、自らが殺されても、滅びるのではと心配する必要もない。死が受けられようと死が与えられようと、それは常にキリストのための死である。この死は罪と無関係である。それは非常に栄光に満ちたものである。ある場合には、死はキリストに仕えるためである。またある場合には、死によってキリスト自身のもとへ行くことができる。事実、キリストはキリストの仇を討つ目的で敵を殺すことを許しておられる。そしてキリストは自ら騎士を慰めるべく、好んで騎士のそばにおられる。したがって、私がこれまで言ってきたことでもあるが、キリストの騎士は何も恐れることなく死を捧げている。しかし、彼はより大きな安静をもって死ぬ。騎士は自らの死から恩恵を受け、キリストも彼が捧げる死から恩恵を受けるのである。

なぜなら、騎士が剣を帯びることには理由がある。悪人を罰するためであれ、善人を称えるためであれ、騎士は神慮の実行者であるので。彼が悪人を死なせても、それは殺人ではなく、敢えて言うならば、悪を断つための行為である。彼は悪を行う者たちに対してキリストの仇を討つ。彼はキリストの防衛者である。たとえ殺されても、彼は滅びることはない。彼は目的を達成する。(6)彼がもたらす死はキリストのためである。彼が受ける死は自分自身のためである。キリスト教徒は異教徒の死から栄光を引き出すことができる。なぜなら、彼らはキリストの栄光のために行動しているので。「王」の寛大さがキリスト教徒の死のなかに横溢する。「王」は騎士に褒美を授けるため、彼を自分のもとに来させる。第一に、正しき者は懲罰を見ながら喜ぶであろう。第二に、彼は「神に従う人は必ず実を結ぶ。神はいます。神はこの地を裁かれる(7)」と言うであろう。

良心の反対に逆らって

しかし、異教徒を殺すことは、彼らがキリスト教徒を苦しめたり、虐げるのを阻止する別の手段を見いだせる場合、正しくない。しかし当面、正しい者が不正なことを行うように仕向けられていくのを恐れるために、正しき者たちの頭上にぶら下がった罪人たちが持つ脅威を放置するよりも、異教徒が殺されるほうが賢明である。

ああ、何ということか。たとえ剣の使用がキリスト教徒に完全に禁止されているとしても、なに故に救い主の伝令官は兵士たちに、あらゆる種類の軍役奉仕を禁止する代わりに、彼らの給料で満足するように命じているのか(8)。しかしこのことはすべての者にとって――これは確かなことであるが――、または少なくとも神がこの任務のために呼び集めた、そしてたぶん今道を進んでいない者にとって合法的である。私はあなたたちに訊きたいのであるが、私たちすべてのために私たちの城塞シオンを全員で全力を投入して、防衛する役割を担っている者たち以上に適した者がいるであろうか。このようにして、神の法の違反者が押し戻され、真実を堅持する聖なる民が完全な安全のなかで、そこに到着できるであろう。[9] そしてそのようにして、戦争を望む者たちが追い散らされ、私たちを苦しめる者が粉砕されるであろう。不正を犯す者、エルサレムがキリスト教徒のために保管している計り知れない富を奪いとろうとしている者、諸聖所を汚そうとする者、神の聖地を占領しようと考えている者は主の都から遠くへ追いやられるであろう。神への信仰、すなわちキリスト教徒の信仰に敵対するすべての者を破滅させるべく、諸民族が「彼らの神は何処にいるのか[10]」などと言わないように、キリスト教徒の二つの剣が敵の頭上に振りかざされんことを。

神の遺産・聖地エルサレム

敵が駆逐されたならば、その嗣業と家のなかに、福音書のなかで怒りを込めて「おまえたちの家は見捨てられて荒れ果てている[11]」と叫び、そして預言者の声を借りて、「私は私の家を、私の継業を見放した[12]」と言って嘆いているお方が再び入って行くであろう。そして主はこの預言を果たすであろう。「主は彼の民の罪を償い、解放した。従って、今すぐに彼らはシオン山の頂で主から賜った良い物のために喜び輝くであろう[13]」と。エルサレムよ、喜べ。そして今こそ汝が人々に参詣されていた時代を思い出せ。無人となっていたエルサレムの各地よ、皆喜べ。そして主の讃歌を歌え。

なぜなら、神はご自分の民を慰め、エルサレムを贖いとったのであるから。神はすべての民のまえで、その聖なる腕の力をみせたのである。イスラエルの乙女よ。汝は倒れていて、誰も汝を起こさなかった。乙女よ、シオンの囚われ娘よ、今起きよ。埃のなかから起きよ。「汝、起きよ。そしてしっかりと立て。そして、汝の神から汝に送られてきた喜びをみよ」と私は言う。誰も汝を捨て子とは呼ばないであろう。そして、汝の土地はもはや砂漠という名に相応しくなくなるであろう。なぜなら、神が汝のなかに喜びを見いだし、そして汝の土地に人々が再び住むようになったのであるから。汝の周りをみよ。すべての者が集まり、汝のもとにやってきた。汝に天上から援軍が送られてきたのである。このようにして、この援軍を介して、古くからの約束が完全に、そして今やっと実現されたのである。「今、私はあなたをとこしえの誇り、世々の楽しみとする。あなたは国々の乳に養われ、王たちを養う乳房に養われる」。そしてさらに、「母がその子を慰めるように、私もあなたたちを慰める。エルサレムであなたたちは慰めを受ける」(14)と。

あなたは、この新しい騎士が大昔からどのような証言を受けてきたのか知らないのか。あなたは全軍を統帥する主の都において、彼らについて私たちに告げたことが私たちの眼前で実現されるのをみなかったのか。文字からの解釈は霊的理解を損なってはならない。しかし、私たちは私たちが永遠の相の下に実現されることを願っているこれら預言者の言葉を、私たちが信じるものが目に見える現実に接触しても消失しないよう、現実の貧困が希望の豊かさを小さくしてしまわないために、そして最後に、現在の証言が将来への勇気づけとして役立つために、私たちの時代に合わそう。反対に、天上の富は地上の都市を取り巻く栄光によっても決して損なわれることはない。もし私たちが地上の都市のなかに天上にいる私たちの母である都市の姿を認めることができるならば、この栄光は私たちの希望を強固にするであろう。

キリストの騎士たちの行動

しかし神にではなくて、悪魔に仕える世俗の騎士と彼らとを比較するために、否むしろこれら地上の騎士を説き伏せるために、キリストの騎士がどのように行動すべきかについて少し言っておこう。彼らが戦争、または平和のなかでどのように行動するかについて言おう。両者の行動を外観した場合、神の騎士と地上の騎士との間にはいかに大きな違いがあることか。

(a) 共同生活

まず最初に、いずれの場合でも、規律がすべてを統べ、服従が常に遵守されること。なぜなら、聖書は「しつけの悪い子供は滅びるように運命づけられている」[15]、そして「反逆は占いの罪に、高慢は偶像崇拝に等しい」[16]と言っているので。ここではすべての者は命令する者の意思によって往来する。各自は支給された服を身につける。誰も自分勝手にそれ以外の場所に衣食を求めに行かない。衣食において贅沢を避け、必要なもののみで満足する。妻も子も持たず、簡素にして喜びのうちに共同生活を営む。そして福音の完徳に欠けるものがないために同じ家に住み、同じように生活し、財産を所有せず、平和的関係のなかで精神的統一性を維持するように心がける。

（b）服従

この大勢の騎士は唯一の心、唯一の魂しか持っていないと言えよう。実際、各自は自己の意思に従って放浪しない。その反対に、彼らが戦っていないとき――そして、それは稀であるが――、彼らはいつもパンを食べたり何もしなかったりすることのないよう、磨り減ったり破れたりした衣服を繕うか、必要な品々を整理整頓する。一言で言えば、彼らの時間の使用を決定するのは団長の意思、または共同体の必要性である。彼らの間では位階の違いは存在しない。なぜなら、彼らが服従するのは最良者にであって、最も高貴な者にではないので。彼らはお互いに称え合う。彼らはキリストの法を守るためにお互いに重荷を背負っている。

（c）現世の蔑視

もし起こった場合のことであるが、不遜な言葉、無益な没頭、異常な笑い、人には聞こえない呟きや囁きでも放任されることはない。彼らはチェスや賽子遊びを嫌悪する。彼らは狩猟を憎む。彼らは囮の鳥を放たせることも好まない。彼らは彼らが空虚と欺瞞に満ちた狂気とみなしている人真似芸、魔術師、物語作家、野卑な歌、道化劇を吐き気がするほど軽蔑する。彼らは髪をつるつるに剃る。なぜなら、彼らは使徒とともに、長い髪で飾りたてることが恥であることを知っているので。彼らは決して着飾ることがなく、稀に入浴し、ほとんどいつも髭は伸び放題で埃で汚れてはいるが、胸甲と灼熱の太陽によって褐色に光っている。

(d)　戦闘に際して

戦闘が始まると、彼らは心を信仰で、身体を鉄――決して、金ではない――で武装する。彼らは武器は持つが、装飾品は持たず、強欲を起こさせる代わりに、敵に恐怖心を起こさせる。彼らが持ちたいと願う馬は頑強で速く、誰もが欲しがる色の、ごてごて飾りたてた馬ではない。彼らは賞嘆よりも恐怖を相手に感じさせることを望む。次に、彼らは騒々しくて血気にはやる戦士としてではなく、また軽率さからくる向こう見ずな戦士としてではなく、慎重さと思慮をもって入念に準備をしたあと、そして聖書が私たちの父祖に関して、「なぜならば、そのイスラエル人は平和を考えながら戦闘に赴く」と言っているごとく、戦闘隊形を組みながら戦闘へ出発する。そして戦闘が開始されるや、彼らはあたかも彼らが「主よ、あなたを憎む者を私も憎み、あなたに立ち向かう者を忌むべきものとしなかったでしょうか(17)」と言うごとく、この穏やかさをかなぐり捨てる。彼らは敵に向かって、あたかも敵が羊でしかないかのごとく、突進する。彼らは少人数のときでも、決して野蛮人の残忍さや敵の大軍にたじろぐことはない。

しかし、彼らは自分たちの力を過信しないこと、そして全軍を統帥する神の力によってのみ勝利を期待することができることを心得ている。彼らは『マカバイの書』とともに、「少人数の手で多勢をうちのめすこともありうるのだ。天が救おうとされるときは、兵力の多少に何の違いのあるものか。戦いの勝利は兵士の数の多きによるのではなく、ただ天の力によるのみだ(18)」と考えている。そして彼らはただ一人の人間が千人近くの人間を追跡したこと、そして二人の人間が一万人の人間を敗走させたことをこれまでしばしば確認している。

したがって、私は彼らを修道士と呼んでもいいものか迷うほど、彼らがあるときは子羊のごとく温和な態度を示し、またあるときは獅子のごとく猛々しい態度をみせるのに驚嘆させられる。そして修道士の穏やかさと騎士の勇敢さを兼ね備えている彼らに、これら二つの名称を同時に付与すること以上に彼らを指す言葉があろうか。それこそが神の仕事であり、ほかに何と言えようか。私たちはただ唖然とするばかりである。神は自らこの種の人々を選ばれ、そして彼ら、真のソロモンの寝床、すなわち、聖なる墓を細心と忠誠をもって守護すべく、すべてが剣で武装し、戦うことに非常に長けた人々、すなわち、イスラエルの最強の者たちのなかから選ばれた守備兵を世界の隅々から来させて集めた。

神殿

彼らの居所として使用されるエルサレムの神殿[19]は、たぶん、建物としてはソロモンによって建てられた古い、そして非常に有名な神殿よりも劣るであろう。しかし、それは栄光に満ちたものでないことを意味しない。この古い神殿はその華麗さを堕落の根源となるもの、金、銀、大小の石、色の異なる木々から引き出している。これに対して、新しい神殿はすべての装飾として、そして心地よい美しさの飾りとして、そこに住む人々の信仰心と彼らの行動の完璧さを持っている。古い神殿はその数限りない光輝によって人々の驚嘆を引き出している。新しい神殿は多様な徳と行為の神聖さによって尊崇に値する。「あなたの神殿に尊厳は相応しい。日のつづく限り[20]」と。神聖さは磨かれた大理石を善行ほどには喜ばないし、そしてそれは飾りたてられた壁よりも純粋な魂のほうを愛する。この神殿の正面入口は宝石ではなくて武器で飾られ、四壁はかつての金の王冠に代わって、部屋の周りに吊り下げられた盾で飾られている。この神殿は枝付き大燭台、吊り香炉、花瓶の代わりに拍車、鞍、槍で一杯である。

神の家の浄化

以下のことは、すべてこれらの騎士たちが神の家のために、かつて神が激怒し、手を鉄でなくてご自分が細縄で作っていた鞭でもって武装したとき、そして神殿のなかに入り、物売りを追い払い、両替商の貨幣を蹴散らし、鳩売りたちの陳列台をひっくり返したとき[21]、彼らの長を駆りたてていたのと同じ情熱で燃えていることをはっきりと表している。なぜなら、神は祈りの家がこのような商人によって汚されることをまったく許しがたいと判断していたためである。全軍の主の例にならって、この敬虔な軍隊は諸聖所が商人によって汚される代わりに、異教徒によって汚されるのを一層許しがたく、耐えがたいものと確信し、馬と武器をもってこの神聖な家に住みついたのである。異教徒に帰せられるすべての汚れ、圧制者たちから作り出されたすべての憤怒がこの家からとその他の聖所から排除された。これらの騎士はそのときから、そこで終日名誉ある有益な仕事に従事している。彼らは競って神の神殿を敬い、熱情と誠意をもってそれに奉仕し、飽くなき献身でもって古い法におけるごとき動物の肉ではなくて、平和の捧げ物、すなわち兄弟愛、敬虔な服従、自発的清貧をそこに捧げている。

改心

改心はここ、エルサレムにおいて起きる。しかし、全世界がそれに興奮している。すべての島嶼がそれを知っている。諸民族は遠くにいてそれに気づき、沸き返るようにエルサレムに入ってきている。東方からも西方からも、彼らはあたかも諸国民の栄光にあふれ出る奔流のごとく、そして神の都市を潤す激しく流れる川のごとく、集まってくる。そしてさらに一層快くそして有益と思われることは、一部の人々――本当を言うと、大群をなしてここに押し合うようにして集まっている人々のなかにはあまり多くいないのであるが――はかつては極悪人、不信心者、誘拐者、瀆聖者、殺人者、宣誓違反者、姦通者であったことである。彼らが完全な人間になったことから、人々はそれを二重の善行として強く感じた。そして、それは喜びの二重の動機でもある。同郷の人々は彼らの出発を喜んでいる。彼らが救援しようとやってきたそれらの人々は彼らの到着を喜んでいる。したがって、彼らは二重の奉仕をしている。なぜなら、彼らはここにおいては守護者としていて、そして故郷においては圧制者ではもはやなくなっているので。このように、エジプトは彼らの出発を喜び、(22)シオン山は彼らの守護を喜んでいる。そしてユダの乙女たちも大喜びしている。ある者は彼らの手から解放されていることを幸せと感じ、他の者は彼らの手によって解放されたことを一層幸せと思っている。故郷は故郷の土地を勝手に荒廃させていた者たちを望んで失った。それに対して、この地はこの地の非常に忠実な防衛者となった者たちを心から歓迎した。この地にとって非常にやさしい慰めとしての役割を果たしたが、それは同時に故郷にとっては非常に有益な厄介払いであった。したがって、キリストは単に彼らに勝利することのみならず、彼らに役立つことで、ご自身の敵を懲らしめることができる。これはこの方のいと高き栄光といと強き権力が証明している。実際、これは幸福であると同時に有益ではないか。この方はご自身が長い間敵としてみてきた者たちをご自分の補助者にし始めている。この方は迫害者パウロを伝道者パウロにしたその人であり、この方は反対者を自分の兵士の一人にしている。したがって、私はたとえ天上の法廷が、救い主がその証人であるごとく、改悛する罪人に改悛の必要のない数名の正しき者たちに対する以上の喜びを表したとしても、驚きはしない。なぜなら、罪を犯し、悪意に唆されていた者の改心は彼のそれまでの悪行が有害でありえたよりも遥かに有益であるので。

エルサレム

したがって、汝、聖都よ。至高の人は汝を神殿——そのなかでかくも長き世代にわたって汝の胸で、そして汝によって救われることであろうその神殿——にすることで、汝を神聖なものとされた。諸王のなかの王の都よ。時の始まりからかくも多くの励ましとなる新しい奇蹟が私たちのところへ来たのも、汝のもとからである。諸民族の主人、諸国の君主、諸大主教の所有物、預言者と使徒の母、信仰の先導者、キリスト教徒の栄光である汝よ。神は最初から汝が攻囲されるのをみて苦しまれてきたのであるが、それは汝がすべての勇者たちにとって、彼らの勇気を示す機会であり、救済の機会であるためである。約束の土地である汝よ。かつて汝は汝の住民が望むとき、牛乳と蜂蜜を流れさせていたのであるが、今では汝は世界全体に救済の薬を配ることで、生命を与えている。善良で優れた土地よ。私は言ってきたのであるが、汝は汝の非常に肥沃な胸に、父がその心の箱から取り出した天上の収穫物を受け取った。そして、汝はこの天上の種子から殉教者という収穫物を生み出した。汝よ。その肥沃な耕地は同じく、他の信者たちの間においても、他の土地が収穫しうるよりも三〇倍、六〇倍、百倍も多くの果実を作り出す。同じくまた、汝をみた者はいたるところで、彼らが心に持っている汝の尽きることのない甘美についての思い出を語っている。その者たちは汝の横溢したやさしさに見事なまでに満足しきり、豊かに肥らされた。そして彼らは地の果てまで汝を一度もみたことのない、そして汝の栄光の偉大さをみたことのない人々に、汝のもとで成しとげられたすべての奇蹟を語りながら、「神の都よ。あなたの栄光について人々は語る」と繰り返す。(23) しかし私たちも同じく、私たちは汝の栄光と汝の讃美のために、汝があふれるほど持っているすべての喜びについて必ず何か言うであろう。

つづいて、聖ベルナールはベツレヘム、ナザレ、橄欖山、ジョザファトの谷、ヨルダン川、キリストの十字架像、聖墳墓、ベトファジェ、ヴェタニーといった諸聖所に、比喩的解釈に満ちた数ページを充てている。そして彼は次のようにこの書を終わっている。

預言者が主の御名において約束したのがこれらの富である。この預言者は「主はシオンを慰め、そのすべての廃墟を慰め、荒れ野をエデンの園とし、荒れ地を主の園とされる」(24) と言っている。これら地上の喜び、この天上の宝庫、このキリスト教徒の遺産、それらが託されているのは、私の親愛なる人々よ、あなたたちの信仰、あなたたちの思慮、あなたたちの勇気にである。もしあなたた

ちの思慮、あなたたちの勇気を決して過信することなく、神の助けにのみ頼るならば、この天上の宝庫を安全に、そして忠誠に守ることがあなたたちには十分に行える。あなたたちは人間が力を自己の勇気のみから引き出すことはできないことを十分知っている。そして預言者とともに、あなたたちは「主は私の岩、砦、逃れ場、私の解放者である」[25]と言う。そして同じく、「私が信頼するのは主であるあなたです。そして、私が私の力を維持するのはあなたによってです。なぜならば、おお、私の神よ。あなたは私の力強き守護者ですから。従って、私の神の慈悲が私に予告してくれるでしょう」[26]と。そしてさらに、「主よ、私たちでなく、あなたの御名こそ、栄え輝きますように」[27]と。あなたたちがそのように言うのは、「私たちの手に闘うすべを、指に戦するすべを教えて下さる方」[28]がすべてにおいて祝福されんがためである。

2　ジョワンヴィルと十字軍

一三〇九年ジョワンヴィルの領主ジャン〔通常、「ジョワンヴィル」の通称で呼ばれる〕がのちのフランス王ルイ十世に『聖ルイ王の聖なる言葉と善き行いの書』を献呈する。この著書でジョワンヴィルは、この聖王と一緒に過ごした月日に関する思い出を語っている。ところで、彼が聖王と一緒に過ごしたのは一二四八年から一二五四年までで、その間ジョワンヴィルも参加者の一人であった第七回十字軍が出発している。このシャンパーニュ出身の貴族はルイ九世との思い出を語っているのであるが、自分自身を常に舞台の前面に登場させている。そのため、読者は彼の著書から「一三世紀中葉に書かれた十字軍士の回想録[29]」そのものを引き出すことができる。

ジョワンヴィルのこの作品について長々と紹介することは無益である。ここでは、ナタリ・ド・ヴァイイが彼の『聖ルイ王の歴史』〔Natalis de Wailly, *Histoire de saint Louis*, Paris, 1868〕のなかで行っている近代フランス語訳から、筆者が抜粋したいと考えていた箇所を借用することにした。彼の翻訳は原著の叙述にできる限り忠実であろうとしている[30]。

十字軍の準備

神の恩寵の一二四八年、復活祭の日、私は私の家臣と封臣とをジョワンヴィルに呼び寄せたのであるが、招集されたこれらの者たちが来ていた復活祭の祝日の前日、私の息子、アンセルヴィルの領主ジャンが、グランプレ伯の姉妹であった私の最初の妻との間に誕生した。私たちはこの週の間ずっと祝い、踊り続けた。そして私の兄弟、ヴォクールールの領主とそこに居合わせたその他の富裕な人々は月、火、水、木曜と、来る日も来る日も食糧を運んできてくれた。

金曜日、私は彼らに「皆さん。私は海の向こうへ出発するが、そこから戻ってこられるかどうかは私には分からない。さあ、もう少し前へ寄って下さい。あなた方は私や私の家族に対して何か要求したいことがおありになるかもしれない。もし私があなた方に何か迷惑をかけたのであれば、それがいかなるものであれ、これまでもそうしてきた通り、私はそれを皆さん一人一人に償おうと思っています」と言った。私は私の領地のすべての住民から意見を聞き、その償いを実行した。いかなる圧力も加えないため、私は会議の席を立ち、彼らが決定したことをすべて異論なく指示した。

一銭でも間違って奪いとりたくなかったので、私はロレーヌのメッスに行き、私の領地の非常に多くを担保に入れた。そして、聞いて下さい。私の故郷を立って聖地へ赴く日、私は貢租収入の千リブラをも所持していなかったのです。それでも私は騎士たちの十番目、バナレット騎士の三番目として聖地へ出発したのです。[31] そして、これから物語ることをあなた方に記憶してもらいたいのは、もしこれまで私に決して背くことのなかった神が私を助けて下さったとするならば、それは私が聖地に滞在することになる六年の間、ほとんど神に反抗しなかったからだということです。

私が出発の準備をしていたとき、アプルモンの領主で、結婚後はザーレブリュック伯でもあったジャンが私に使いを送り、彼自身も十番目の騎士として海の向こうへ出発する手筈を完了したと知らせてきた。そしてもし望むならば、船を折半で借りようと私に打診してきた。私はそれに同意した。彼の一行と私の一行とがマルセイユで船一隻を借りた。（25章）

出発

ジョワンヴィルを立つ日、私は使者を送って、ベネディクトゥス派修道院のなかで最も廉直な人物とみなされていたシュミノン修道院長を呼びにやった。このシュミノン修道院長は私に肩掛けと巡礼杖を授けた。それから私は帰還するまで城に戻ることもなく、肌着も股引も着けずにジョワンヴィルを出発した。こうして、ブレクール、サン・テュルバン、その他の聖遺物安置所を巡った。そして私がブレクールとサン・テュルバンを訪れていたとき、私は自分の目を絶対にジョワンヴィルへは向けたくなかった。それは、私があとにした美しい城と私の二人の子供たちによって私の心が掻き乱されるのを恐れたからである。

私と私の仲間はドンジュの手前、フォンテーヌ・ラルシュヴェックで食事をとった。そしてそこでサン・テュルバン修道院長——神よ、どうか彼を許し給え——は私と私に従う騎士たちにたくさんの宝石を手渡した。そこからオクソーヌへ向かい、さらに私たちはすでに甲冑一式を積んでいた船に乗って、オクソーヌからリヨンまでソーヌ川を下っていったが、その間大きな軍船は船と並んで土手の上を曳かれて進んだ。

リヨンで、私たちは、アルル・ル・ブランへ行くため、ローヌ川の船に乗った……（27章）

航　海

八月(32)、我々はラ・ロシュ・ド・マルセイユで乗船した。乗船する日、船の扉が開けられ、海の向こうへ連れて行かねばならなかった馬すべてが積み込まれた。つづいて、扉が閉められ、そしてちょうど樽を水に浸けるときのごとく、しっかりと密閉された。それは船が着水すると、その扉が水面下に沈んでしまうからであった。馬が積み込まれると、船長は船首の水夫に向かって、「仕事は完了したか」と叫んだ。すると水夫たちは「船長。司祭と別の聖職者たちがこちらに向かって来てますぜ」と応えた。彼らが到着すると、船長は彼らに向かって、「神の名において、讃歌を願いたい」と言った。それに対して、彼らは「来たれ。創造主である聖霊よ」と大声で叫んだ。すると船長は水夫に向かって「神の名において、帆を上げろ」と叫んだ。水夫たちはそのようにした。少し経って、風が帆を膨らませ、陸地が我々の視界から消えた。もはや我々には空と海しかなかった。

そして来る日も来る日も、風は我々が生まれた国々から我々を遠ざけていった。そしてこのことから、私はあなた方に船が他人の幸福を道連れに、敢えて途方もない危険やこの上ない罪の中へ身を置くような、どうしようもない狂人であることを示したいのである。なぜなら、人々は朝になって海底に沈んでいるかも知れないその夜に眠り込んでしまうからである。

海上で自慢できる不思議なことが我々に起こった。それは我々が異教徒の国の海岸の手前にある、まん丸い形の山を発見したからだ。我々はその山を晩禱の時刻〔午後六時〕に発見したあと、船は夜を徹して航行し、五〇海里以上は進んだと思っていた。しかし翌日、我々の船はまだこの山の手前にあった。このようなことが、さらに二、三回我々に起こった。それを見て、水夫たちはまったく仰天してしまい、船は大きな危険に瀕していると我々に言った。それは我々が異教徒の国の、サラセン人が支配する土地の近くに来ていたからである。そのとき、モリュプトの首席司祭と呼ばれる、一人の廉直な司祭が我々に、彼の小教区でも渇水、洪水、その他の天災によって苦しい目にあったが、三週間連続して土曜日に行列を行うと、すぐに神とその母が彼を解放してくれたと言った。その日は土曜日であった。我々は船の二本のマストの周りで一回目の行列を行った。私自身も、重病に陥っていたが、誰かの腕に抱えられ、その行列に加わった。それから山はまったく姿を見せず、三回目の土曜日に、我々はキプロス島に到着した。（28章）

金銭上の問題

キプロス島に到着すると、船賃を支払ったので、私の懐にはトゥール貨で二四〇リブラしか残っていなかった。そのため、私の騎士の何人かは私に、小金をくれないと私を見捨てると脅した。そのとき、決して私に背いたことのない神が私に必要なものを与えてくれた。ニコシアにいた国王は私を探すため使者を送ってき、私を家臣として雇い、私の金庫に八百リブラを入れてくれたのである。それで、私は必要以上のお金を持つことになった。(29章)

上陸

国王は三位一体の主日の前の金曜日(33)に上陸し、そしてもしサラセン人が戦闘を拒否しなければ、彼らとの戦闘に出発するのが賢明であったであろう。国王はボモンの領主ジャンに対して、大型の船は陸に接岸できないので、ブリエンヌの領主エラールと私のためにガレー船一隻を借り受け、我々二人と両者の騎士を上陸させるよう命じた……。金曜日がくると、完全武装した私とエラール殿がガレー船を要求すべく国王のもとに出かけた。それはボモンの領主ジャンがガレー船を一隻も持っていないと返事してきたからである。

ガレー船を入手できないのを知って、我々の配下は大型船からボートに次から次へと乗り移った。そのためボートは今にも沈みそうになっていた……。私は自分の小さなボートに、私が騎士に叙任した一人の平騎士、ヴォクールールの領主ユグと二人の勇敢な騎士見習い――その一人はヴィラン・ド・ヴェルセ、他の一人はギヨーム・ド・ダンマルタンと言い、二人は激しく憎み合っていた――を乗せた。そして彼らはペロポネソス半島で取っ組み合いの喧嘩をしたので、これまで誰も二人を仲直りさせることができなかった。そこで、私は彼らに対して恨みを解消し、許し合い、抱擁するようにさせた。そのため、私は彼らが恨みを抱きつづける限り、上陸しないことを聖遺物にかけて誓ったのである。

それから、我々は上陸のための行動を開始した。私は、六千人を越す騎兵がいたトルコ人の大部隊が陣取るまえに接岸させた。彼らは我々が上陸するのをみて、拍車を当てながら、すぐに我々のほうへ向かってきた。彼らが来るのを発見すると、我々は砂に盾の尖った部分を突き刺した。そして我々は槍も砂に差し込んで、穂先を彼らに向けた。彼らは槍の穂先がもう少しで腹の真ん中に突き刺さるところまで接近したとき、突如背を向けて逃げていった。(33章)

ダミエッタ——最初の勝利

それ故、全能の神は、徒歩での上陸に際して、騎馬に跨った敵に攻撃を加えたとき、我々を死と危険から守って下さり、我々に大いなる恩寵を施されたのである。さらに、主は我々に大きな恩寵を施され、兵糧攻め以外の方法では奪取できなかったはずのダミエッタを我々に引き渡して下さった。そして国王ジャンが我々の父の時代にそれを奪取したのは飢えに乗じてであったことから、[34]我々は主の力を一層はっきりと認識することができた。(35章)

我が主は「彼らは愛すべき地を拒んだ[35]」と言うとき、イスラエルの息子たちについてと同じことを、我々についても言うことができる。その次に、主は何と言っているのか。主は彼らは彼らを救った神を忘れてしまったと言っている。そして私もまた、我々がいかにして神を忘れてしまったかを、あとであなた方に話すことになろう。

最初は、国王について語ろう。国王はご自分の重臣、聖俗界の上級家臣を呼び集め、都市エルサレムで獲得したものをどのように分配すべきかの決定に関して助言を求めた。最初に進言したのが大主教で、彼は「陛下。エルサレムの人々に供給すべく、あなたがご自身で小麦、大麦、米、そして食料品のすべてを保管し、その他すべての動産については、教皇特使の館に搬入し、これに違反すれば、破門に処せられると宿営中を触れて回ることが良策かと存じます」と言った。その他の重臣たちもこの進言に同意した。ところが、そうしたところ、教皇特使の館に搬入されたすべての動産は六千リブラにしかならないことが判明した(36)。

搬入が終了すると、国王と重臣たちはヴァレリーの領主、賢者ジャン殿を呼び、彼に「ヴァレリー殿よ。我々は教皇特使がおまえに六千リブラの分配金を手渡すことに同意した……」と言った。

ヴァレリーの領主ジャンは、「聖地の良き慣習によると」、すべての戦利品は食料品を含め、三分の一を国王、三分の二を巡礼者に分配しなければならないとあることから、この進言を拒否する。しかし、国王は自分の決定を撤回しようとはしない。

……そのため、大勢の者たちは国王が古き良き慣習に違反することに不満を示した(37)。

国王の家臣たちは、自分たちの温厚さによって、商人たちの気を引き留めておかねばならなかったにもかかわらず、案の定、できるだけ高い値段で、彼らに商品を売る屋台を賃貸したのである。その噂が異国の地に広まった。そのため、多くの商人が宿営地に来るのを断念した。

自分の財産を、然るべき折をみて、幸福のために使用すべしとして取っておくべきであったにもかかわらず、重臣たちはあり余るほどの肉を使って大宴会を催すことに夢中になった。

庶民は娼婦に夢中になった。そのため、国王は、我々が捕虜から解放されて戻ったとき、大勢の部下のすべてに暇を出した。そして、私は国王にどうしてそのようなことを断行したのかと問うた。すると、国王は私に、軍隊が最も悲しみのなかにあるときでも、彼らが国王の宿営地のすぐそばで不品行の場を開いていたのをはっきりと知っていたからであると答えた。（36章）

危険をまえにして——神の加護

ある晩、我々が城(38)の夜警についていると、彼ら（イスラーム教徒）が我々に向かって投石砲と呼ばれる兵器を運んできたが、このようなことはこれまで一度もなかったことである。彼らはその兵器のなかにギリシア焔硝(39)を詰めた。私と一緒にいた優秀な騎士、ゴティエ・デキュレ殿がそれをみて、「おい、皆。俺たちはこれまでにない最大の危険に晒されているぞ。それは、もし彼らが俺たちの宿営する城を焼き払ったら、俺たちは焼け出され、住むところがなくなるからだ。そしてもし俺たちが守備すべく借りている各自の持ち場を放棄すれば、俺たちは非難されることになる。だから、この危険から俺たちを守れるのは神しかいないんだ。だから、彼らが火を放つたびに、俺たちはしゃがみ込んで身を丸くし、我が主にこの危険から俺たちを守ってくれるよう祈るべきだと俺は思うし、皆もそうするようにしてほしい」と言った。

彼らが第一発を放つや、我々は彼が我々に教えたごとく、しゃがみ込んで身を丸くした。彼らが放った一投目は我々の二つの攻城機の間を通って、我々のすぐまえに落ちた……
敵が我々に火炎を放っているのを聞くたびごとに、聖王は寝台の上で起き上がり、我が主へ手を差し伸べ、泣きながら「神様、どうか余の部下たちを救い給え」と言った。そして私は、国王の祈りが苦境に立たされている我々に役立ったと心から信じた。夜、聖王は火炎が落下するたびごとに、状況を把握するため、そして火炎による被害が発生していないか否かを確認するため、侍従の一人を我々のもとに派遣してきた。(43章)
……我々の二つの城が焼け落ちてしまうと、シチリア王はそのため気が狂い、火を消そうとして火のなかに飛び込もうとした。このように、彼は火に激怒したのであろうが、私と私の騎士たちは神を讃美した。それは、もし我々が夜警に立っていたならば、我々は全員焼け死んでいたであろうから。(44章)

マンスーラでの武勲
小川に架かった橋のところまで来ると、私はこの橋を防衛するために我々はここに残ると、軍指揮官に言った。「それは、もし我々がそこを放棄すれば、敵はここを通って国王を襲撃するであろうから」……
……そのとき、トルコ軍は、我々がこの橋を死守するのをみて、そのままにしておいた。(40) そして彼らは、我々が顔を彼らに向けているのをみたときも、同じようにした。私は私がその双子の従姉妹と結婚しているソワソン伯のもとへ行き、「伯爵殿。私はあなたがこの橋を死守するために残って下さるならば、そのほうが私にとって都合がよいと思います。それは、この橋を放棄してしまうと、我々の眼前にいるトルコ軍がそこから攻撃してくるでしょうし、国王もうしろとまえから攻撃されるでしょうから」と言った。彼は、もし自分が止まるならば、おまえも止まるかと私に尋ねた。そして私は、「もちろん、喜んで」と答えた。このことを聞いた軍指揮官は私に、彼が我々のために援軍を呼びに行き、そして戻ってくるまでこの場を離れないようにと指示した。(48章)

……我々のまえに、国王の兵長が二名いた。……彼らを攻撃するため、大きな川と小川の間に陣取っていたトルコ軍は大勢の徒歩の村民を連れてきて、そしてこれらの村民はこの二人の兵長に土の塊を投げつけた。しかし彼らはこの二人を我々がいるところまで後退させることができなかった。

……我々全員はこれら兵長には届かなかった槍の雨を見舞われた。ところで、私は麻屑が詰まったヴェストを着たサラセン人の死体を発見した。私はそのヴェストの引き裂かれた部分を自分のほうに向け、そのヴェストで盾を作り、それが私に大いに役立った。なぜなら、彼らの槍で私の軍馬は十五箇所も負傷したのに対して、私が負傷したのは五カ所にすぎなかったので。その間、私の部下で、ジョワンヴィルのブルジュワが私のもとへ私の隊の旗を、槍の穂先とともに持ってきてくれた。そして、敵がこの二人の兵長を攻撃するたびごとに我々は突撃し、敵は逃走した。

善良なソワソン伯は我々がいたその場で私と冗談を交わし、私に「奉行(ジョワンヴィル)殿。この悪党らがほざくのを放っておこう。この間抜けどもが。貴殿と儂とでこの日のことを、ご婦人方の部屋での話の種にでもしよう」とよく言っていた。(49章)

ところで、夜、国王と我々が前記の危なかった戦闘から戻ると、以前敵を追い払ったその場所で宿営した。[41] 我々が出陣して行ったこの野営地にいた私の部下たちは、私が以前に神殿修道会から貰っていたテントを私のところへ運んできて、我々がサラセン人から奪いとった兵器のまえにそれを張った。そして国王は、その兵器の見張りのために、数名の兵長を配置させた。

私が二日まえに受けた傷のため、完全な休養をとる必要から寝台で眠っていたが、思うようにはさせてくれなかった。日が昇る前に、我々の野営地で誰かが「武器をとれ」、「武器をとれ」と叫んだからだ。私はそばで眠っていた侍従を起こし、何事かみてくるように言った。そして彼は慌てふためいて戻るや、私に「殿。さあ早く。さあ早く。騎兵と歩兵からなるサラセン軍がやってきて、兵器を見張っていた国王の兵長たちを急襲し、彼らを我々の陣営のロープの下まで追いつめています」と言った。

私は起き上がり、詰め物の入ったヴェストを身にまとい、鉄の冑[42]を頭に被り、我が軍の兵長たちに「聖ニコラにかけて、奴等をここに止まらせるな」と叫んだ。私の騎士たちは、すべて負傷していたのであるが、私のもとへ駆けつけると、我々はサラセン軍の兵長たちを兵器から遠ざけ、我々が奪いとった兵器のすぐ向かいにいたトルコの騎兵大隊のまえまで押し返した。私は国王に救援を要請した。と言うのも、私と私の騎士たちは、身体に受けた傷のため[43]、鎖帷子を着用することができなかったから。そして国王は我々にシャティヨンの領主ゴシェを派遣し、その軍隊は我々のまえの、我々とトルコ軍の間に陣を構えた。(52章)

ある十字軍士

そして、ブランシヨン殿はこの日の不幸を免れた(44)。しかし、彼は周りにいた二〇名の騎士のうち一二名を失ったが、そのなかには騎士以下の兵士は含まれていなかった。彼自身も十分な装備をしていなかったため、以後両足で立つことができず、神に仕えながらこの傷のため死んだ。

これから、このブランシヨン殿についてお話しすることにする。彼は死ぬまでに、三六回の戦闘に参加し、数々の手柄を立てた。私は彼の姿を彼の従兄弟であるシャロン伯の遠征隊のなかで見つけた。ある聖金曜日の日に、彼は私と私の弟のもとに来て、「儂の甥たちよ。部下を連れて、儂を助けに来てくれんか。ドイツ人が教会を破壊しておる」と言ってきた。我々は彼に同行し、手に剣を持ってドイツ人を攻撃し、激しい戦闘と大苦戦のすえに、彼らを教会から追い出した。

それが終わると、この賢人は祭壇のまえで跪き、我が主に大声で感謝し、「神よ、私を憐れみ給え。そして長い間私が生きてきたこのキリスト教徒同士の戦争から私を引き離し、私があなたの天上の王国に入るため、あなたが私にあなたのために死ぬことをお許し下さるようお願い致します」と言った。そして私があなた方にこのような話をするのも、神が彼にそれを許されたと信じるからである……(55章)

疫病と飢饉

上述の二つの戦闘のあと、軍隊にとって大きな惨事が始まった……

我々は四旬節の間、野営地では沼沢魚以外の魚を口にしていなかった。そしてこれらの沼沢魚は大食いの魚で、死んだ人間の肉も食べていた。この不幸と一滴の雨も降らなかったこの地方の悪意が原因で、我々を軍隊病――我々の両脚の肉の部分がカラカラに乾燥し、まるで古くなった長靴のごとく、皮膚に黒と土色の斑点が現れる病気――が襲った。この病気はそれに罹った我々の皮膚から歯茎へと転移した。そして、誰もこの病気から免れることはできなかった。死ぬ以外に、もはや何もできなかった。鼻からの出血が死の兆候で、その者はやがて死んだ。

二週間後、トルコ軍は我々を飢えさせようと――そのことで大勢の人々が唖然となったのであるが――、数隻のガレー船を我々の野営地の上手に進め、さらにそれらを陸上から曳かせ、我々の陣地の下手四キロメートル、ダミエッタから来る人々が遡航していた川に停泊させた。そして、これらのガレー船は我々に飢えを強制した。なぜなら、川を遡行して食糧を供給していたため、彼らのガレー船によってダミエッタから何も入ってこなくなったから。そのため、野営地では非常に激しい物価高騰が起き、復活祭の到来[45]と同時に、牛一頭が八百リブラ、羊一頭が三〇リブラ、豚一頭が三〇リブラ、卵一個が一二デナリウス、ブドウ酒一モディウスが一〇リブラにもなった。（58章）

……カーニバル（四旬節開始日の前日[46]）、私は奇蹟をみた。それについてあなた方にお話ししよう。その日に、それまで私と一緒に軍旗を持っていたランリクールの領主ユグ殿が埋葬された日であった。彼の遺体が私の礼拝堂で棺に入れられて安置され、私の騎士六名が大麦が詰まった袋の上に座っていた。そして私の礼拝堂のなかで彼らは大声で喋り、司祭に向かって騒ぎたてていたので、私は彼らに黙るように言いに行き、そして他の人々が讃歌を歌っているそばで、騎士や貴顕者が話をするのは下品なことであると、彼らに言った。

彼らは高笑いを始め、笑いながら死んだユグ殿に代わって、彼の妻を再婚させてやると[47]私に言った。私は彼らを叱責し、このような会話は相応しくも上品でもなく、彼が彼らの仲間であったことをあまりにも早く忘れてしまっていると彼らに言った。そして、神はそのことで彼らに復讐したのである。その翌日、カーニバルの大会戦が勃発し、その最中彼らは殺されるか瀕死の重傷を負わされたのである。そのため、彼らの妻は六名とも再婚しなければならなくなったのである。（59章）

カーニバルの日に受けた傷のため、軍隊病は私の口や脚を襲い、熱も平常の二、三倍に達し、そして鼻カタル[48]が非常に激しくなり、それは鼻孔を通って頭から流れ出ていた。この病気のため、とうとう私は四旬節の中ごろまで寝床に伏したままであった。そのため、私の司祭は私の天幕内の寝床のまえでミサを行った。そして、この司祭も私と同じ病気に罹っていたのである。

ところが、聖変化の儀式の最中に彼は気を失ってしまった。彼が今にも倒れようとしているのに気づいた私は鎖帷子を着用していたのであるが、靴も履かずに寝台から跳び起き、彼を腕で抱き起こし、満足かつ見事に聖変化の儀式をやり遂げたと彼に告げた。気を失った状態で彼を放置することはしなかったのであるが、彼は我にかえると、聖変化の儀式をつづけ、ミサを最後まで行った。そして以後、彼はミサを二度と行うことはなかった[49]。

……この病気は野営地全体に広まった。そのため、我々の兵士の歯茎に死んだ肉が多く付き、歯に食物を噛み、飲み込む力を回復させるために、床屋はその死肉を削り取らねばならなかった。野営地で死肉を切り取られた人々が、苦痛に呻くのを聞くのは耐えられないほど辛かった。それはまるで出産時の女性の呻き声のようだった。（60章）

軍隊の全滅

そこに止まれば、自分も自分の部下たちも死ぬ以外にないと悟った国王は、復活祭から八日過ぎた火曜日の午後、夜遅くに出発し、ダミエッタへ引き返すよう命令し、その手筈を整えた。彼はガレー船を所有していた船主に、どのようにして病人全員を船に収容し、ダミエッタまで連れて行くかを伝えた……

私と私が余分に持っていた二名の騎士と従者は火曜日の午後、昼食を済ませてから乗船した。夜の帳が下り始めたころ、私は水夫たちに錨を上げ、川を下るよう命じた。しかし彼らは、私が命じたことに従わないと言った。それは、我々とダミエッタとの間に停泊していたスルターンのガレー船(51)が我々の仲間を殺したからである。水夫たちは彼らのガレー船に病人を乗せるため、大きな篝火を焚いた。そして、病人たちは川岸に近づいていた。私は水夫に出航を頼んでいたとき、サラセン人が野営地に突入し、川岸で病人たちを殺すのを篝火の明かりに照らされて目撃した。(61章)

……この不幸は、陸上にいるときに我々の兵士に起きたのであるが、同じことがあとで聞かれるように、水上にいた我々にも起きた。なぜなら、風がダミエッタから我々に向かって吹いていたので、我々は水行を断念したのである。そして、国王が病人たちを守るための仮の建物に配置していた騎士たちは逃走した……

我々の兵士が船に乗って川を下ることになった。そしてサラセン人によって奪いとられ、碇泊させられた非常に多くの小舟が川の両岸に浮かんでいた。サラセン人は我々の兵士を殺して川に投げ込み、我々の兵士から剝奪した箱や荷物を小舟から引っ張り出していた……

そのとき、川を下る船の舳先にいた私の兵士が私に「殿、殿。殿の水夫たちはサラセン人の攻撃に怯えていて、殿を早く陸に上がらせようと考えていますぜ」と叫んだ。私は衰弱しきっていたが、腕をとって起こしてもらい、彼らに向かって剣を抜き、もし私を陸へ上がらせたら殺してやると彼らを威した。すると彼らは次の二つのうちで好きなようにするようにと私に答えた。つまり、彼らが私を陸に上げるか、風が収まるまで私を川の真ん中で錨のように吊り下げるか。我々の兵士たちが殺されるのを目撃した陸(52)へ上げられるよりも、川の真ん中で吊り下げられるほうがましだと、私は言ってやった。そこで、彼らは私を錨のように吊り下げた。

捕虜ジョワンヴィル

スルターンのガレー船四隻が来るのが、すぐ我々の目に入った。それには、千人以上の兵士が乗っていた。そのとき、私は私の騎士と部下を呼んで、彼らにどうしてほしいのか、すなわちスルターンのガレー船に身柄を引き渡すのか、陸上にいる敵に降伏するのか尋ねた。スルターンのガレー船に降伏することで我々全員は一致したが、それは彼らが我々全員を一塊として捕虜にするであろうと考えたからである。もし陸上にいる敵に降伏したならば、彼らは我々を互いに引き離し、ベドウィン族に売り飛ばすであろう。

そのとき、ドゥルヴァン出身の私の倉庫係が、「殿、あっしにはこの考えは賛成できません」と言った。どのような考えに賛成するのかと私が訊くと、彼は「あっしらは全員殺されるがままにされるべきだとの考えを持っております。そうすれば、あっしら全員天国へ行けるでしょうから」と

私に言った。しかし、我々は彼の言うことを信じなかった。（63章）

捕虜となる以外に方法がないと分かると、私は私の形見も含めて、私の宝石と貴金属類をはずし、川に投げ捨てた。そのとき、私の水夫の一人が「殿。もしあっしに殿が国王の従兄弟であることを彼らに告げないようにすれば、彼らは殿とあっしらを殺しますよ」と私に言った。それに対して私は、おまえは言いたいことを言えばよいと言った。我々のほうへ向かってきた先頭のガレー船の水夫がそれを聞き、錨を我々の船のそばに下ろした。

そのとき、神が私のもとに神聖ローマ皇帝の領地に住む、オランダ布で作られたズボンをはいた一人のサラセン人[53]を遣わした。彼は川を泳いで横切り、我々の船に辿り着くと、私の身体を抱えて、「殿。もしあなたが決心しないのであれば、あなたは行方不明になりますよ。あなたの船からこのガレー船の竜骨[54]の上に飛び下りてください。そうすれば、彼らはあなたの船の積荷の掠奪しか考えていないので、もしあなたが飛び降りれば、彼らはあなたを探すようなことはしないでしょう」と私に言った。誰かが私にガレー船の綱を投げてくれた。そして神がそう望まれたごとく、私はその突出部へ飛び降りた……

誰かが私を陸上に投げ落としたあと、別の人間が私の身体の上に飛び乗り、喉をかき切ろうとした。それは、私を殺した者は、それによって名誉を獲得するであろうと考えたからである。そのとき、ずっと私を両腕で抱きかかえていたサラセン人が「国王の従兄弟だ」と叫んでいた。こうして、私は二度地面に投げ倒された。一度は跪かされたが、そのとき、喉にナイフを感じた。この苦境のなかで神はサラセン人を遣わして、私を救ったのである。そして、このサラセン人は私をサラセン

人の騎士が駐屯していた城まで連れて行ってくれた。（64章）

サラセン人の人間性

私がサラセン人の騎士たちの中央に進み出ると、彼らは私から鎖帷子を脱がせた。そして彼らは憐れみから、私が母から貰っていた小リスの毛皮を裏地にもつ深紅の外衣を私に着せた。彼らの一人が私に白色のベルトを持ってきたので、私はそれを外衣に穴を開けて巻いた。他の一人は私に頭巾を持ってきてくれたので、私はそれを頭に被った。続いて、恐怖と同時に病気のため、私は激しく震え始めた。私が飲み物を求めると、水を鉢に入れて持ってきてくれた。私はその鉢を口に当てて飲み干そうとしたが、水はたちまち私の鼻孔からあふれ出てしまった。

これを知って、私は使者を派遣し、私の部下を呼んでもらい、喉に腫瘍があるので私は死ぬだろうと彼らに話した。すると、彼らは私にどうしてそれが分かるのかと訊いてきた。私は彼らにそれをみせた。彼らは水が私の喉と鼻孔からあふれ出るのをみるや、泣き出した。サラセン人の騎士たち(55)は私を救ってくれたそのサラセン人に、なぜ私の部下たちが泣いているのかと尋ねた。それに対して、彼は私の喉に腫瘍が出来ていて、そのため私が死を免れることができないと思っていると答えた。すると騎士の一人が、自分が私を励ましてやろうと、私を救出した彼に言った。それは、彼が私に飲んで二日で治る飲み物をやろうと思ったからである。そして彼はそのようにした。

私の従者の一人であった、ウァヌーの領主ラウル殿はカーニバルの大会戦で膝裏を切られたため、足で立つことができなかった。そのため、ガレー船にいた一人のサラセンの老騎士は衣装箱を首か

ら下げ、それに乗せて運んできてくれた。(64章)

ガレー船団の偉大な提督は使者を使って私を呼び寄せ、私が国王の従兄弟であるかと尋ねた。私はそれを否定し、なぜどうして私の水夫たちが私を国王の従兄弟と言っているのかを彼に話して聞かせた。それを聞いて、彼は実に上手に答えたなと私に言った。そうしないと、我々は全員殺されていたであろう。次に、彼はそのころまだ生きておられたドイツ皇帝フリードリヒ二世の家系ともまったく関係がないのかと、私に訊いてきた。私は私の母が彼の次男の従姉妹であったと思うと、彼に答えた。彼はそれだから一層私が好きだと言った。(56) (65章)

捕虜で体験した敬意と虐殺

我々が食事をしていたとき、ガレー船の大提督は我々の前にパリ出身のブルジュワを一人来させた。このブルジュワは来ると、「殿、何をなさっているのですか」と私に訊いてきた。「儂が何をしているのかだと」と私が言うと、「神の名において、あなた方は金曜日に肉をお食べになっているでしょう」と彼は言った。それを聞いて、私は自分の鉢をうしろに引っ込めた。すると、大提督は私に仕えるサラセン人に、なぜ私がそのようにしたのかを尋ねた。そのサラセン人は彼に答えた。それに対して、提督はこのことで神が私を悪く思うことはなかろうと答えた。

実は、教皇特使(57)はこの返事を、我々が自由の身になったときにしてくれたのである。しかし、それにもかかわらず、私はパンであれ水であれ、その後と四旬節の金曜日に、私の部下たちに断食を強制しなかった。このことで、教皇特使は私を激しく叱った。

次の日曜日、[58]提督は水上で捕らえられた私と、その他すべての捕虜を川岸に上陸させた。ガレー船から引っ張り出されるとき、私の親愛な司祭ジャンは気絶してしまった。そして彼は殺され、川に投げ込まれた。その司祭補も罹っていた軍隊病で気絶したため、頭にすり鉢を投げつけられて殺され、川に投げ込まれた。

投獄されていたその他の病人たちがガレー船から降りていたとき、抜刀したサラセン人がいて、倒れた者を殺し、川へ投げ捨てた。私は私のサラセン人を介して、彼らにそれはよくない、それは自分のパンと塩を食べ物として与えたあと、いかなる者も殺してはならないとのサラディンの教え[59]に背くことであると言わせた。それに対して、提督は罹っている病気のため彼らは立つこともできず、少しでも役立つ人間ではないと私に答えた。

提督は私のまえに私の水夫たちを連れてこさせ、彼らは信仰を捨てたと私に言った。それに対して、私は彼に彼らの言うことを信用しなさんな、彼らは我々を見捨てたのと同様の速さで、そうする時間と場所さえ見つけ出せば、あなた方も見捨てるでしょうと言った。これを聞いた提督も私の考えに同感であった。サラディンは悪しきキリスト教徒が良きサラセン人になることも、悪しきサラセン人が良きキリスト教徒になることもこれまで一度もみたことがないと言っていると、私に返答した。

そして、これらの出来事のあと、提督は私を馬に乗せて同行させた。我々は船で作られた橋を通って、国王と彼の部下が捕らえられているマンスーラに行った。我々はスルターンに仕える作家たちがいた、大きな天幕の入り口に来た。そのとき、彼らは私に自分の名前を書かせた。すると、私のサラセン人が私に「殿。私はこれから先はあなたに同行いたしません。私にはそうすることができないのです。しかし、殿、お願いがあります。あなたがお連れになっているこの子供の手を絶対に離さないで下さい。サラセン人があなたからこの子供を奪いとるような気がしてなりません(60)」と言った。この子供はバルテルミと言い、モンフォコンの領主の庶子であった。

私の名前が書き記されると、提督は私を貴族たちのいる天幕へ連れて行った。しかし、そこには彼ら以外に一万人以上もの人々がいた。私が入るや、貴族が全員歓声を上げたため、他のことは少しも聞こえなかった。そして、彼らは我が主を称えながら、私が死んだものと思っていたと言った。

（65章）

そのすぐあと、そこにいた最も富裕な者の一人が起こされ、そして我々は別の天幕へと連れて行かれた。サラセン人は多くの騎士と、その他の捕虜を土塀で囲まれた中庭に集めていた。彼らは捕虜が集められていたこの囲い地から捕虜を一人一人連れ出し、彼らに「おまえは信仰を否認したいか」と訊いた。否認を望まない者は脇に集められ、首を刎ねられた。そして、もう一方の隅には信仰を否認した者たちがいた。

ブルターニュ伯に対して、釈放を交換条件として約束することで、フランク人が聖地で保持する城をイスラーム軍に引き渡すとの提案が出された。彼と彼の仲間はこの提案を拒否する。

—　彼らは我々に対して、我々には釈放されたい気持ちがなさそうなので、彼らはここを立ち、他の者たちにこれまでしてきたごとく、我々と剣で遊ぶ者たちを遣わすことにすると答えた。そして、彼らは立ち去った。

彼らが立ち去ったと同時に、大勢の若いサラセン人が剣を携えて、我々の天幕に突入してきた。彼らは一人の非常に年老いた白髪の老人を連れてきた。この老人は我々に、我々のために捕らえられ、傷つけられ、殺され、そして三日目に復活した神を信じているのは本当かと尋ねさせた。我々は「はい」と答えた。すると、彼は我々に対してこの神のために今後迫害を受けたとしても、落胆すべきではない、「なぜなら、彼はおまえたちのために死んだのであるが、おまえたちは彼のためにまだ死んでいないのだから。そして、もし彼に復活する力があれば、さらに彼がそうすることを望むならば、彼はおまえたちを解放するであろうことを確信するがよい」と言った。

彼が立ち去ったあと、その他の若者もすべて退去したが、私はこの出来事に大いに満足した。てっきり、彼らは我々の首を刎ねにやってきていたと私は思っていたから。そして、このあとすぐにスルターンの兵士が来て、国王が我々の解放について話し合ったと我々に語った。(61)(66章)

死の脅威に晒された捕虜

三〇人のサラセン人兵士が我々のガレー船に手には抜刀した剣、肩にはデンマーク斧を担いでやってきた。私はサラセン人の言葉をよく知っていたボドワン・ディブランに、これらの者たちが何と言っているのか尋ねた。彼らは我々の首を刎ねに来たと言っていると、彼は私に答えた。ジャンという名でフランドル伯ギヨームに仕えていた三位一体修道会の修道士に告白する大勢の人々がいた。しかし私に関して、自分が犯したであろう罪は何も思い出せなかった。しかし、私が自己防衛し、うまく逃げ切ろうと望めば望むほど、私にはそのことはどうでもよいことのように思われた。

そして、それから私は十字を切り、大工用のデンマーク斧を担いだサラセン人兵士の一人の足もとに跪いて、「聖女アグネスもこのように死なれたのだ」と言った。キプロス島の軍隊長ギィ・ディブランも私のそばに跪いて、私に告白した。そして私は彼に「私は神が私に与えてくれたすべての力をもって、あなたを許す」と言った。しかし、私がその場に立ち上がったとき、私は彼が私に言ったり、語ったりしたことを一切思い出せなかった。

彼らは我々がいた場所に我々を起き上がらせ、ガレー船の船底に閉じ込めた。そして多くの人々は彼らがそうしたのは、我々を一度に襲撃することを好まず、一人一人殺すためだと考えた。この船底で我々は、夜が深まるにつれて非常に苦しい状態に追い込まれ、一カ所に固まって座らねばならなくなり、そのため私の足は善良なブルターニュ伯ピエール殿の身体に当たり、反対に彼の足は私の顔に当たっていた。

その翌日、エミールたちは牢から我々を連れ出し、そして彼らの使者はスルターンと我々とが交わしていた協定の更新のために、今から我々がエミールのもとに話し合いに出かけると言った。

（70章）

解放されたジョワンヴィル

今からあなた方は私がアッコンで体験し、そして私が信頼してき、今も信頼している神が、それから私を救って下さったいくつかの迫害と苦難についての物語を聞くことになるでしょう。そして、私がこれらのことを書き留めさせるのは、読者であるあなた方が迫害と苦難のなかで神に信頼を置くよう願うからです。神は私にしたと同じように、あなた方を助けるでしょう。

ところで、国王がアッコンに到着したとき、同地のすべての人々が行列を作り、彼を出迎えに海岸まで歓喜してやってきた。誰かが私に馬を連れてきてくれた。私がそれに乗るや、私の気力が萎えてしまった。そして私は落馬するような気がしてならないと、その馬を連れてきた者に言った。私は助けられて、国王の部屋に通じる階段を上ることができた。

……それから、国王は一緒に食事をするため使者を遣わした。私は牢のなかで上着のくずで作ったコルセットを持って行った。そして、私はバルテルミ少年に私の上着と牢のなかで神の愛のために貰った四オーヌのラクダの毛で作った布を残した……

私の新しい召使いは私が牢から持ってきた臭いと汚れをとるために、浴場近くの宿屋を確保しておいたと、私に言った。夜がきて、私が浴室に入っているとき、気力がなくなって気を失ってしまった。そして、やっとのことで私は浴室から寝台へ運ばれてきた。その翌日、ピエール・ド・ブルボンヌと名乗る老騎士が私に会いにやってきた。私は彼を私のそばに置いておくことにした。彼は私に不足していた衣服と装備を町で調達してくれた。

我々が到着して四日が過ぎていたが、私は用意を整えて国王に会いに行った。すると国王は私を叱り、会見にこのように遅れて来るとは無礼であると言った。そして国王は私にご自分の愛が私にとって大切である限り、ご自身がこれから我々のためにすること、すなわち、フランスへ向けて立つか、ここに止まるかを決心するまでの間、毎日朝も晩も自分と一緒に食事をするよう命令した。

私はクルトネの領主ピエール殿が私の給金四百リブラをまだ借りたままで、それを返済する気がないと、国王に言った。すると、国王は自分がクルトネの領主ピエール殿に負っている借金を形にその返済をさせてやろうと答えた。そして国王はそうして下さった。ブルボンの領主ピエール殿の助言によって、我々は我々が使える金四〇リブラを獲得し、残りを神殿騎士団の団長に託して保管してもらうことにした。四〇リブラを使い果たすと、私は当地で雇ったサント・ムヌウルのジャン・カンの父を派遣して、もう四〇リブラを引き出そうとした。しかし、団長は私の金を預かってはいないし、私のことなど何も知らないと彼に答えた。

私は、かつて神殿騎士団の団長であったルノ・ド・ヴシェ師のところへ行った……。そして、私は預けていた金を返してくれない同騎士団の当時の団長について彼に不満を述べた。それを聞いて、彼はひどく動揺し、「ジョワンヴィル殿。私はあなたがとても好きだ。しかし、もしあなたがこの申し出を撤回しないと、もはや私はあなたをきっと好きでなくなるでしょう。それはあなたが我々騎士修道士を盗人であると人々に思わせたがっているためです」と私に言った。それに対して、私はこの要求が神の意思にかなっている限り、それを引っ込めませんと彼に言った[62]。

それに対して、私は四日間、もはや出費する金をまったく持たない者のように、この心の病に苦しんだ。この四日後、団長が笑いながら私のところへやってきて、私の金を見つけたと私に言った。私の金がどうして見つかったのかと聞くと、団長は神殿騎士団の団長を更迭し、サフランという村[63]に追放したと言って、私に金を返してくれた。（80章）

当時のアッコン司教――プロヴァンの出身であった――の好意で、私は聖ミカエル教会の司祭館を借り受けることができた。私は二年間、私に非常によく仕えてくれた、そして私が故郷で使っていたどの召使いよりも忠実であったサント・ムヌウルのジャン・カンに給料を支払った。そしてさらに、私と一緒にいた数名の者たちにも給料を支払った……（81章）

良心の葛藤――十字軍を続けるべきか否か

我々はアッコンにいたときのある日曜日、国王は彼の弟たち、フランドル伯、その他の富裕な者たちを呼んで来させ、「諸君。余の母君である女王様はフランスに戻るよう余に力の限り命令し頼んできた。それは余の王国が大きな危険に晒されているからである……。このことをこの土地の人々に話すと、彼らは余にもし余が立ち去れば、この土地は失われるでしょう。誰もこのように少ない人々とここに止まりたくはないのでと、余に言った。そこで、余はおまえたちにこのことについてよく考えるようお願いする。そしてこれは重大な問題であるので、何が得策かを答えてもらうため、余はおまえたちに今日から一週間の猶予を与えよう」と彼らに語った。

この一週間が過ぎると、教皇特使(64)は私のところに来て、国王がここに止まる理由が理解できないと話した。そして、彼は私に彼の船に乗って故郷に帰るよう切願した。それに対して、私はそうすることはできないと彼に答えた。なぜなら、彼も知っているように、私が捕らえられたとき、すべてを水中になくしてしまい、私には何も残っていなかったから(65)。

そして、たとえ私がこのような返事を彼にしたとしても、それは私が彼と一緒に出発することを望んでいなかったということではない。しかし、私は私が彼の地へ向けて出発するとき、私の双子の従兄弟ブルルモンの領主——神よ、彼を許し給え——が言った言葉を思い出したのである。それは、「お前は彼の地に出発するが、帰還するときは十分考えろ。金持ちの騎士であれ貧しい騎士であれ、同伴した我が主の庶民たちをサラセン人の手に残したままで帰還するならば、必ず憎まれるぞ[66]」ということであった。教皇特使は私に腹を立て、自分の申し出を拒否したことを後悔するであろうと、私に言った。（82章）

ジョワンヴィルと聖ルイ王

次の日曜日[67]、我々は再び国王の御前に参上した。国王はご自分の弟君たち、その他の貴族、そしてフランドル伯に対して、立つのか止まるのかどちらを進言しようとするのか尋ねた。彼らは全員国王への助言をギィ・モヴォワザン殿が代表して行うことになっていると答えた。そこで国王はこのギィ・モヴォワザンに向かって、彼らが言ってもらおうと押し付けたことを言うように命じた。そして彼は、次のように言った。

「陛下。ここにいるあなたの弟君たちと富裕者たちはあなたの現状を考えて、この国に止まることはあなたのためにも、あなたの王国のためにも不名誉なことであると判断しました。あなたに付き添って来たすべての騎士——あなたはそのうち、二千八百人をキプロス島へ連れて行っています——のなかで百人もこの町には残っていません。したがって、彼らはあなたに、あなたを捕虜として投獄していた神の敵に復讐すべく、フランスに帰り、兵士と資金を調達し、それをもってすぐに

――この国へ戻ることを進言しています」。

国王と教皇特使は貴族に尋ねる。しかし、ヤッファ伯のみが東方での同王の滞在延期に同意する発言を行う。

私は教皇特使の正面で、一四番目の席に座っていた。教皇特使はどう思うかと私に訊いてきた。私はヤッファ伯の意見に賛成であると答えた。すると、教皇特使は大いに立腹し、国王が今もっている少数の兵士とともに戦争すれば、一体どうなるのかと私に問うた。そこで、私も怒った様子で彼に次のように答えた。それは、彼が私を怒らせるためにそのようにしたと思われたからである。

「教皇特使殿。あなたが喜ぶと思って私はそう言ったのです。特使殿。聞けば、国王がこれまで使用したのは聖職者の金だけで、国王自身の金はまだ手をつけていないとのことです(68)。これからは国王はご自分の金を使えばよいのです。そして、国王は使者を送って、ペロポネソス半島や外国にいる騎士を呼び寄せる。国王が金を十分支払うと聞けば、騎士たちは四方から彼のもとに集まってくるでしょう。それによって、もし神が望むならば、一年もの間戦争を継続することができます。そして国王は止まることで、神に仕えていた、そしてもし国王が立ち去ったならば牢から決して出ることのない哀れな捕虜を解放するでしょう」と。ここには牢に入れられた捕虜を親戚にもたない者は誰もいなかった。したがって、私を非難する者は誰もいず、彼らは全員泣き出した。(83章)

聖ルイ王は止まることを決意

……我々はその場を離れると、四方から私への攻撃が始まった。「ところで、ジョワンヴィル殿。国王は呆れた気狂いだね。フランス王国全体の意見に逆らってまであなたの言葉を信用するとは」。食卓が整えられると、国王は食事中ずっと私をそばに座らせたのであるが、ここでは国王の弟君たちがいないときは常に、このように私を座らせたのである。国王は食事中なにも喋らなかった。だからと言って、国王には喋る習慣がなかったのではない。なぜなら、国王は食事中ずっと私を監視するのを怠らなかったので。そして実際には、国王はご自分の金を多く使っていたのであるが、国王は自分の金をまだ一銭も使っていなかったと私が言ったことから、国王は自分のことを怒っていたと私は本当に考えていた。

国王が食後の感謝の祈りを聞いている間、私は国王の寝台の枕もとの窪みにあった格子窓のそばに行った。そして、腕を窓の格子の間に入れ、もし国王がフランスへ立ったならば、私は次の十字軍がこの地に到着し再び合流するときまで、アンティオキア伯(69)――彼は私を親戚とみなし、私を呼びに使者を送ってきたことがあった――のところへ行こうと考えていたのであるが、ブランクールの領主が私にしてくれた助言によると、この十字軍によって捕虜が解放されるであろうとのことであった。

私が窓辺にいたとき、国王は私のところへやってきて、肩にもたれかかりながら私の頭の上に手をのせた。私はそれがあの日私が国王に進言したことで、私にこの上ない不愉快な気持ちを起こさせたヌムールの領主、フィリップ殿であると勘違いした。それで私は「そっとしておいて下さい、フィリップ殿」と言った。私が振り返ったとき、偶然にも国王の手が私の顔の中ほどまで滑り落ちていた。そして私は指にはめたエメラルドの指輪から、それが国王であることに気づいた。すると、国王は私に「そのまま。そのまま。儂はおまえに、まだ若いおまえが、儂に立ち去るよう進言したフランスのすべての高位高官と賢者に逆らって、大胆にも、止まるよう儂に進言したその理由を尋ねたいのだ」と言った。

「陛下。もし私が心に悪意を抱いておりましたら、どのようなことがあっても、あなたにそのようには進言しなかったでしょう」と私は言った。「それでも、もし儂が立ち去れば、それは悪いことだとでも言うのか」と国王は訊いた。「陛下。その通りです。神よ、私をお助け下さい(70)」と私は言った。すると国王は「もし儂が止まるならば、おまえも止まるのか」と私に訊いた。それに対して、私は「私の金か他人の金かでそうできるのでしたら、そのようにいたします」と答えた。「さあ、気を楽にせよ。儂はおまえが好意から儂に進言したことを知っている。しかし、このことについて、今週中は他言するでない」と国王は私に言った。

私はこのような言葉を聞き、気が一層楽になった。そして私は、自分を攻撃していた者に対して一層大胆に自己弁護した。この地方の人々は「若駒《プーラン》(71)」と呼ばれている。そしてティルに滞在していたアヴァロンの領主、ピエール(72)は、私が国王に「若駒」と一緒に止まるよう進言したことから、人々が私のことを「若駒」と言うのを聞いたことがある。そのため、アヴァロンの領主、ピエール殿は、私を「若駒」と呼んでいる者たちに対して自己弁護し、彼らのようなくたくたに疲れた馬よりも「若駒」のほうが好きだと、彼らに言ってやれと私に言ってくれた。(84章)

別の日曜日、(73) 我々は全員再び国王のまえに集まり、我々全員が参集しているのを確認すると、国王は我々に次のように言った。そのまえに、口に親指を当てて十字を切った。国王がそうしたのは聖霊のご加護を唱えたあとであったと思われるが、私の母は私に、何でもよいが、言いたいことがあれば、常に聖霊のご加護を唱え、親指を口に当てて十字を切るようにと言ったことがある。

……「諸君。余はフランスへの帰還を余に進言してくれた者すべてに心から感謝すると同時に、余は止まることを進言してくれた者にも感謝する。しかし、もし余が止まるとしても、余の王国が衰退するとの危惧を些かも抱く必要がないことに気づいた。皇太后様には王国を守る大勢の人々がついているではないか。そして、もし私が去ったならば、誰も私が去ったあとに敢えて止まろうとはしないであろうから、エルサレム王国は滅んでしまうであろうとのこの国の貴族たちの言葉について も十分に考えた」。

「したがって、余は余がそれを防衛し、そして大きくするために来たエルサレム王国を決して放置すべきではないと判断した。つまり、余の決心は当面は止まるということである……」(85章)

聖地エルサレムでの活動

国王は、大声でそして怒っているように、彼らに(74)次のように話した。「諸君。余が止まると決心してすでに一カ月が過ぎた。しかし、余はあなた方が余のために騎士を数名抱えているというのをまだ聞いたことがない」と。これに対して、彼らは「陛下。どの騎士も雇うのに非常に高くつき、我々にはその力がありません。彼らは故郷に帰ることを望んでいて、我々は彼らが要求する額を言う通りに支払う気にはなれません」と答えた。国王は「それでは誰より安い値段で雇おうと考えているのか」と尋ねた。「それはもちろん、シャンパーニュの奉行殿であります。しかし、我々は彼が要求するものを出す気にはなれません」と言った。

そのとき、私は国王の部屋にいて、これらのやりとりを聞いていた。そこで国王は「その奉行をここに呼んで来い」と言った。私は国王のまえに行き跪いた。国王は私を腰掛けさせ、次のように言った。「奉行よ。おまえは儂がいつもおまえを大いに可愛がっていることを知っていよう。おまえは厳しい人間だと儂の部下は言っていた。それはどうしてか」と。「陛下。以前の私は決してそのような人間ではありませんでした。しかし、陛下は私が水上にいたこと、私には何も残されていず、所有していたものすべてを失ってしまったことをご存知でしょうか」と私は答えた。すると、国王は何が欲しいのかと私に訊いてきた。私は軍隊の三分の二のために、復活祭までに二千リブラが必要だと国王に申し上げた。国王は「ところで、おまえは一人の騎士も値切らなかったのか」と私に尋ねた。私は「はい、その通りです。ポンモランの領主、ピエール殿が三番目にいるバナレット騎士に関しては、その各々に復活祭までに四百リブラを支払わなければなりません」と答えた。すると、国王は指を折って数えた。そして、「おまえの新しい騎士のために千二百リブラが必要なのだな」と言った。「ところで、陛下。私の馬と装具のためと、私の騎士たちへの食糧供給のために八百リブラが必要でないかどうかよくお考え下さい。と申しますのも、陛下は我々があなたの城館で食事をするのを好まれないからです」と私は言った。すると、国王は彼の部下に、「以上のことに行き過ぎがあるとはまったく思えない。従って、余がおまえたちを雇うことにする」と国王は

私に言った。[75]（86章）

……ヴァランシエンヌの領主、ジャン殿が連れ戻った騎士[76]のなかに、シャンパーニュ伯の宮廷の出身者が四〇名いた。私は彼らのために緑の布の上衣とカバーを小さく切らせ、彼らを国王のまえに連れて行き、彼らも陛下と一緒に止まるようにしてやって下さいと頼んだ。国王は彼らの要求を聞いていたが黙っていた。

そして、彼の顧問会議のメンバーであった一人の騎士は、私が七千リブラもの余分な出費を含む提案を国王に持ち出したことはよいことではなかったと言った。そこで、私は彼に対して、そう言うことはあなたにとって不都合にはならないのか、シャンパーニュ出身の騎士のなかで、我々はシャンパーニュ伯宮廷の旗持ちであった三〇五名の騎士をすでに失ってしまったと言った。さらに、私は「今は騎士が必要なときであり、国王があなたを信じていないのが賢明な方策ではなかろうか」と言ってやった。これらのやりとりのあと、私は激しく泣き出した。すると、国王は黙るように、そして私が国王に要求しているものすべてを与えることにすると私に言った。国王は私が望んだ数の騎士を雇い、彼らを私の部隊に配属させた。（92章）

……国王がカエサレアを防塞化しているとき、私は国王に会いにご自身の天幕に入っていった。そこで国王は教皇特使と話をしていたのであるが、私が部屋に入るのをみるや、立ち上がり、私を隅に連れて行き、「おまえも知ってのとおり、儂はおまえを復活祭までの約束で雇っている。それ故、もしお前が復活祭からさらに一年間、余のそばにいてくれるとするならば、何をおまえにやればよいのか儂に教えてくれ」と私に訊いた。それに対して、私はすでに自分に支払って下さっている金額以上のものを要求したくはありませんと、国王に申し上げた……
……私は今からあなた方に、ここに滞在する四年間、私が自分の仕事をいかに命令し整えたかについて話をすることにする……。私には二名の司祭が付いていて、彼らがそれまで私に時間を告げてくれていた。その一人は夜が明けるや、私にミサを行ってくれた。もう一人は私の騎士と私の部屋の騎士とが起床するのを待っていた。ミサが終ると、私は国王と一緒に外出した。国王は騎行を望むとき、私は国王に付いていった。ときどき使者が国王のところに来たが、そのときは午前中ずっと仕事をしなければならなかった。

私の寝床は、私の天幕の中に入ってくる人が誰でも眠っている私が見えるように配置されていた。そうしたのは、女性との交際に関するすべての嫌悪を排除するためであった。聖レミの祝日が迫ると、私は宿舎の冬季保存食料のために豚小屋一杯の豚、羊小屋一杯の羊、小麦粉、ブドウ酒を購入した。私がそうしたのは、夏よりも冬によく時化《しけ》る海のため、物価が冬期に上昇していたからである。

私はブドウ酒百樽を購入した。そして私は常に最良のものを先に飲ませた。私は召使いのブドウ酒に水を加えさせ、従士のブドウ酒にはそれよりも少ない水を混ぜさせた。私のテーブルには私の騎士たちのまえに、ブドウ酒が入った大瓶と水が入った大瓶とが出された。あとから、彼らは好みに応じて水を混ぜた(77)。

国王は私の部隊のなかで五〇名の騎士を、私に代わって雇ってくれた。私が食事をするときはいつも、私のテーブルには私の一〇名の騎士以外に、もう一〇名の騎士が同席していた。そして彼らはこの国の習慣に従って、順番に食事をした。彼らは地面に筵《むしろ》を敷いて、その上に座った。「武器をとれ」との合図があるたびごとに、各騎士は一〇名の従士を抱えていたことから、「十人隊」と呼ばれる五四名の騎士をそこへ駆けつけさせた。武装して騎行するときは常に、五〇名の騎士全員が帰る途中で、私の宿舎で食事をした。すべての祝祭日に、私は野営地の富裕者全員を招待した……（98章）

エルサレム巡礼は十字軍誓願に代わりうるか

……国王はヤッファへの進軍をすぐには開始しなかった[78]……。我々は城の周りの畑に野営し、そして海に面したその城を一方の岸からもう一方の岸まで取り巻いた。そしてすぐに国王はこの古い城を囲むようにして出現した新しい定住地を一方の岸からもう一方の岸まで届く城壁で取り囲み始めた。私はそこで国王自身が贖宥を得るため、籠を背負って壕の底まで降りるのを何回も見た。（100章）

……国王がヤッファにいるとき、ある者が国王にダマスカスのスルターンは国王が十分な護衛を従えてエルサレムへ行くことを承認するであろうと言ってきた。そのため、国王は大会議を招集した。そしてその会議の結果は次の通りであった。そのためには、このヤッファの町をサラセン人の手中に委ねなければならないから、誰も国王にそこへ行くことを勧めなかった。

ここで、イングランド王リチャード獅子心王がエルサレムに到着する一歩手前で、退却を余儀なくされた、一一九二年の出来事が回想される。

……国王の部下の一人の騎士が「陛下。ここまで来て下さい。そうすれば、エルサレムをおみせできます」と国王に叫んだ。それを聞いた国王は激しく泣きながら、鎖帷子を目のまえに投げつけ、「うるわしき神よ。どうか私にあなたの聖都をみることを許さないで下さい。私はあなたの敵の手からこの聖都をまだ解放できていないのです」と我が主に言った。

この実例を〔フランス〕国王に示したのは、もしキリスト教徒のなかで最も偉大な王であった彼が、この聖都を神の敵から解放しないで巡礼を終えたならば、彼のあとにやってくるすべての王と巡礼者はフランス王がしたと同じように、巡礼を終えることで満足と考え、エルサレムの解放に心を煩わさなくなるからである。(108章)

兵士たちの悪戯

……野営地に到着したとき、(79)我々は国王自らが我々のために、我々が野営しなければならない場所を画定するのをみた。国王は私の場所をウー伯の場所のそばにとったのであるが、それはウー伯が私の仲間を可愛がっているのを知っていたからである。

私はあなた方にウー伯が我々のために演じてくれた芸について話をすることにする。

私は自分と自分の騎士たちが食事をする家を、城門の灯りが届くところに建てさせた。ところで、その門はウー伯の持ち場のそばであった。そして細身の同伯は、私の家へ打ち込むための小さな弩砲を作った。我々が食事をしようと座っていたとき、彼は我々の家を部下に覗かせた。彼は我々のテーブルの長さに合わせて、その弩砲を設置した。そして発射させ、我々の水差しとコップを壊してしまった。また、私は雌鶏と去勢した雄鶏を買い込んだ。私は誰が同伯に小熊を与えていたのか知らなかったのであるが、彼はその小熊に我々の雌鶏をけしかけさせた。誰かがそこに駆けつけたときには、その小熊はすでに一二羽ほど食い殺してしまっていた。そして、それらの雌鶏を飼っていた女は、この小熊を糸巻棒で叩いていた。

帰還

シドンの町をほぼ完全に防塞化すると、国王は野営地で数回行列を行わせた。行列の最後で教皇特使は国王がフランスに帰還するか、またはこの地に止まるか、神のご意思に最もかなったことをすべく、神が国王の仕事を彼の意思通りに整え給うように祈らせた。

行列が終わり、私がこの地方の富裕者たちと一緒に座っていたとき、国王は私を中庭に呼び出し、彼らのほうに背を向けさせた。教皇特使は私に「奉行殿。国王はあなたの奉仕に大変満足しています。そして当然、国王はあなたに名誉と利益を授けるでしょう」と言った。そして私の気持ちを楽にするためと、彼は私に「今度の復活祭までにフランスへ帰るため、仕事をすべて片付けてしまった」と言った。それに対して、私は「神の力によって、あなたの意思通りに万事が運ばれますように」と彼に答えた。

教皇特使は立ち上がると、宿舎までお供してほしいと私に言ってきた。そして、私はそのようにした。それから、彼と私は彼の衣装部屋に入って激しく泣いた。彼は話せるようになると、私に次のように言った。「奉行殿。私は大変嬉しい。私は国王、あなた、そしてその他の巡礼者がこの地においてあなたがかつて体験した大きな危険を今のところ免れていることに関して神に感謝する。そして、私があなたの神聖な仲間を見捨て、ローマ教皇庁の、そこにいる不誠実な人々の真っ只中へ戻って行かなければならないことを心苦しく思っている(80)」と。

「しかし、私がこれから何をしようと考えているのかあなたにお話ししましょう。私は今も、あなたが立ったあと一年間止まろうと思っています。そして私は自分の全財産を使って、アッコンの郊外地を防塞化しようと思っています。そうすれば、私はお金を持ち帰っていないことを彼らに証明することができるし、彼らはこの金なしのあとを追いかけたりはしないでしょう」。

私は教皇特使に自分の司祭が自分に話してくれた二つの罪について、一度だけ話したことがある。すると、彼は私に「アッコンで犯されたすべての不誠実な罪については、私と同様誰も知らない。従って、神はアッコンの町が住民の血によって洗われるよう、そしてそのあとにそこに定住する他の人々が来るよう、それらの復讐をしなければならない」と答えた。この廉直な人の預言はその一部が真実となって現れた。なぜなら、この町は住民の血で本当に洗い清められたのである。しかし、そこに定住しなければならない人々はまだ来ていない(81)。神がそこに善良な、そして神の意思に従う人々を送り給わんことを。(120章)

……シドンの町を離れるとき、国王はすでに長城、大塔、長壕でこの町の内外を防塞化しおえていたのであるが、この地方の大主教と貴族たちが国王のところへ来て、次のように国王に話した。

「陛下。あなたはシドンの町、カエサレアの町、ヤッファの郊外地を防塞化された。これは聖地にとって大いなる利益です。そして、あなたはアッコンの町をあなたが建設した防壁と塔で補強された。陛下、我々は互いによく考えたのですが、この先あなたの滞在がエルサレム王国に利益をもたらすとは思っていません。我々はあなたに今度の四旬節(82)にアッコンへ向かわれるよう、そして復活祭のあとにフランスに向けて立たれるよう、あなたの徒行の準備をされるよう進言しようと思っているからです……」

四旬節の間、国王はフランスへ帰還するため、一三隻の商船とガレー船からなる船団を準備させた。そして国王と王妃が復活祭のあとの聖マルコの祝日〔四月二五日〕の前日に乗船できるよう、そして出発に際して順風が得られるよう、それらの商船とガレー船が準備された。聖マルコの祝日(83)に国王は私に今日と同じ日に生まれたのだと言った。それに対して、あなたはこの日に再生されたのです。そして、あなたはこの危険な土地を離れるそのときに再生されたのですと、私は国王に答えた。（121章）

「十字軍忌避者」ジョワンヴィル

右で語った出来事のあと、国王はすべての貴族を四旬節の間パリに集めた。私は患っていた四日熱のため国王のそばにはいず、そして私の欠席を認めてもらうよう国王にお願いしていた。しかし、私にそこへ絶対に来てもらいたいと国王は言ってきた。それは、この四日熱を見事に治すよい医者がそこにいるからとのことであった。

私はパリへ行った。私が行くと、三月のお告げの祝日の前日、そこには王妃であれ他の誰であれ、国王が私を呼んだ理由を説明できる者はいなかった。

……パリのマグドレーヌ教会でミサに列席してから、私は国王の礼拝堂へ行き、そこで国王が聖遺物の台に上がって、「真の十字架」をしたに降ろさせているのを目撃した。(84) 国王がしたに降りてくると、顧問会議のメンバーであった二人の騎士が話し始めた。そしてそのうちの一人が「国王がここで十字軍誓願をするなど考えられないよね」と言った。それに対して、もう一人の騎士は「もし国王が十字軍誓願をすれば、それはフランスでこれまで起きた悲しい日の一つとなるだろうよね。もし我々が十字軍誓願をしなければ、我々は国王の寵愛を失うことになるのだから。反対に、もし我々が十字軍誓願を行えば、神の愛を失うことになる。我々が十字軍誓願をするのは神のためではなく、国王を恐れるあまりにするのだから」と答えた。

ところで、こうして国王はその翌日、三人の子供と一緒に十字軍誓願を行った……。私はフランス王とナヴァラ王(85)から十字軍誓願をするよう強く勧められた。

これに対して、私は彼の地で神と国王に仕えていたにもかかわらず、私が帰還してから、フランス王とナヴァラ王の役人たちが、今後、これ以上零落させられることはないと思われるほど私を破滅させ、私の配下を貧困に陥れたと私は答えた。したがって、私は二人に次のように言ってきた。もし私が望むことが神の意思にかなうものであれば、私はここに残って、私の領民を助け守ってやりたい。それは、もし私が自分の身体を、私の領民にとって不幸と損害をもたらすにすぎないとはっきり認識した十字架の巡礼の冒険に捧げるならば、自分の民を救うために自身の身体を捧げられた神を怒らせることになるであろうからと。

私は、国王に遠征を進言した人々はすべて死に値する罪を犯したと思った。なぜなら、国王がフランスにいた限りにおいて、王国はその内部とすべての隣国との関係において平和な状態にあったのであるから。そして国王が出発したあと、王国の状態は悪化の道を辿ったのである。（144章）

付録1　年　表

ここに十字軍の完全な年表を掲げることは問題にならない。そして、東方のキリスト教諸国の出来事の年表にいたってはなおさらのことである。以下に登場する指標は、テクストを連続して起こった出来事の枠のなかに置きなおす手助けとなることを目的とするものである。

一〇七一年　マンジケールの敗北。ビザンツ帝国はトルコ人の侵略に対して無防備となる。
一〇七四年　教皇グレゴリウス七世は東方キリスト教徒の援助をキリスト教諸君主に訴える。
一〇九五年　クレルモン公会議。教皇ウルバヌス二世の十字軍宣言。
一〇九六年　第一回十字軍の出発。トルコ人による民衆十字軍の虐殺。
一〇九七―八年　アンタリアの攻囲と奪取。
一〇九九年　エルサレムの征服。
一一〇〇年　小アジアで殲滅された後続十字軍の失敗。
一一四四年　エデッサの陥落。
一一四五年　教皇エウゲニウス三世の第二回十字軍宣言。
一一四六年　聖ベルナールの勧説。
一一四七年　第二回十字軍の出発。

一一四八年　ダマスカス近郊での第二回十字軍の敗北。
一一六九年　イスラーム教徒によるシリアとエジプトの統合。教皇アレクサンデル三世によるキリスト教徒への十字軍の呼びかけ。
一一八七年　ハッチンでの惨敗とエルサレムの陥落。教皇グレゴリウス八世による第三回十字軍宣言。
一一八八―九二年　第三回十字軍の出発。アッコンの攻囲と奪還。イングランド王リチャード獅子心王の武勲。
一一九七年　神聖ローマ皇帝ハインリヒ六世のドイツ十字軍。
一一九九年　教皇インノケンティウス三世による第四回十字軍の結成。
一二〇二―四年　第四回十字軍の出発。ザラとコンスタンティノープルの奪取。
一二一二年　子供十字軍。
一二一三年　教皇インノケンティウス三世による第五回十字軍の結成。
一二一五年　第四回ラテラノ公会議。規約「聖地の解放のため」
一二一七年　第五回十字軍の聖地到着。タボール山麓での敗北。
一二一八―二一年　第五回十字軍のエジプト到着。ダミエッタの攻囲と奪取。カイロへの進軍と軍隊の降服。
一二二六年　第六回十字軍。
一二二九年　皇帝フリードリヒ二世はスルターンとヤッファ条約を締結し、聖墳墓を奪還する。
一二三七年　教皇グレゴリウス九世による十字軍の結成。

一二三九―四一年　「貴族《バロン》の十字軍」と、リシャール・ド・コルヌアイユとスルターンの間で締結された条約。
一二四三年　ダマスカスのスルターンとの間での条約の締結。聖地の回復。
一二四四年　エルサレムの完全喪失。
一二四五年　第一回リヨン公会議。第七回十字軍の結成。
一二四八年　聖ルイ王、キプロス島へ向けて出発。
一二四九年　ダミエッタへの上陸。
一二五〇年　カイロ進軍の失敗。軍隊の降服。
一二五〇―四年　聖ルイ王の聖地滞在。
一二六三年　エジプト・マムルーク朝による聖地への攻撃。ローマ教皇庁とペルシア・モンゴルとの最初の接触。
一二六五年　ヌヴェール伯の十字軍。同伯のアッコンでの戦死。
一二六八年　アンティオキアの陥落。
一二七〇年　第八回十字軍の出発。聖ルイ王がテュニスで没す。
一二七一―二年　イングランド王エドワード一世の十字軍とスルターンとの和平条約の締結。
一二七四年　第二回リヨン公会議。教皇グレゴリウス十世による第九回十字軍の準備。
一二八九年　トリポリの陥落。
一二九一年　アッコンの陥落。

付録2　文献案内

事件史

René Grousset, *Histoire des croisades et du royaume franc de Jérusalem*, 3 vol., Paris, Plon, 1934–1936（『十字軍とキリスト教エルサレム王国の歴史』）。これはフランス語で書かれた基本的著作で、事件の推移を詳細に知ろうとする場合の参考書。このなかで著者は十字軍士を駆りたてていた動機よりも、十字軍士による東地中海への植民活動に強調点を置いている。

Louis Bréhier, *L'Eglise et l'Orient au Moyen Age. Les Croisades*, Paris, 1928, 5e édition（『中世における教会と東方　十字軍』）。少し古いが、依然としてその価値を失っていない、優れた概説書。

Paul Rousset, *Histoire des Croisades*, Paris, 1957（『十字軍の歴史』）。十字軍概念の研究者によって書かれた十字軍史の普及書。

Zoé Oldenbourg, *Les Croisades*, Paris, 1969（『十字軍』）。学問的性格を持たない十字軍史の普及書。しかし、著者はこのなかで十字軍士の心思に関する諸問題を深く考察している。

René Grousset, *L'épopée des croisades*, Paris, 1939（『十字軍の叙事詩』）。上掲の簡便な縮小版。

十字軍精神の形成

ここで基本となる著書はドイツ語で書かれている。

Carl ERDMANN, *Die Entstehung des Kreuzzügsgedanken*, Stuttgart, 935（『十字軍精神の形成』）。しかし、フランス語で書かれた雑誌論文もある。

Etienne DELARUELLE, Essai sur la formation de l'idée de croisade, *Bulletin de Littérature ecclésiastique*, fasc. 42, 45 et 54, 1941, 1944 et 1953–1954（「十字軍精神の形成に関する考察」）。この研究は十字軍精神の概念をその起源まで遡らせ、「聖戦」と「正戦」の用語を検討し、十字軍は前者でなく後者の延長線上に位置づけられることを論証している。

十字軍概念

Paul ROUSSET, *Les origines et le caractère de la première croisade*, Neuchâtel, 1945（『第一回十字軍の起源と性格』）。第一回十字軍に関する物語史料から引き出された十字軍概念についての基本的研究の一つ。

Étienne DELARUELLE, *L'idée de croisade chez saint Bernard*, *Mélanges Saint Bernard*, Dijon, 1953（『聖ベルナールにおける十字軍概念』）。上掲の *Bulletin de Littérature ecclésiastique* 所収の論文と比較せよ。

Paul ALPHANDÉRY, *La chrétienté et l'idée de croisade*, tome 1: *Les premières croisades*, tome 2: *Recommencement nécessaires*. Texte établi par Alphonse DUPRONT, 2 vol., Paris, A. Michel, 1954–1959（L'Evolution de l'Humanité）（『キリスト教徒と十字軍概念』、第一巻『初期の十字軍』、第二巻『必要な繰り返し』）。ときどき理解しにくい用語と出会うが、著者アルファンデリは、十字軍士の集団心理に関する真の総点検を行っている。彼の見解には議論の余地を残すものもあるが、とりわけ無規律で終末論的性格を持った「民衆十字軍」こそが真の十字軍であったとする考えがそれである。

Michel VILLEY, *La croisade. Essai sur la formation d'une théorie juridique,* Caen, 1942（『十字軍　その法理論形成に関する考察』）。著者は教会法学者の著作を研究し、そこから彼らによって提示された十字軍の定義、正当論、解決策を引き出している。彼の著作は、特に、この本で取り扱われなかったテーマ、十字軍誓願とその結末を論じている。

L'idée de croisade, Xe Congresso internazionale di scienze storiche, Rome, 1955（Relazioni, vol. III）（『十字軍概念』）。P. ROUSSET（L'idée de croisade chez les chroniqueurs d'Occident）（「西ヨーロッパの年代記作家たちにおける十字軍概念」）、M. VILLEY（L'idée de croisade chez les juristes du Moyen Age）（「中世の法曹家たちにおける十字軍概念」）、P. LEMERLE（Byzance et la croisade）（「ビザンツ帝国と十字軍」）、St. RUNCIMAN（The Byzantine Provincial Peoples and the Crusade）（「ビザンツ帝国属州民と十字軍」）と（The Decline of the Crusading Idea）（「十字軍概念の衰退」）、Cl. CAHEN（L'Islam et la Croisade）（「イスラーム教徒と十字軍」）の報告を中心に展開された討論集。この討論集はこれらの著者によって提起された種々の解釈の簡便な概要を提供してくれている。

説教と宣伝

ここでも基本的となる著作はドイツ語で書かれている。説教に関しては、V. CRAMER, *Die Kreuzzügspredigt zur Befreiung des Heiligen Landes,* Köln, 1939（『聖地の解放のための説教』）。贖宥に関しては、A. GOTTLOB, *Kreuzablass und Almosenablass,* Stuttgart, 1906（『十字軍贖宥と慈善贖宥』）。十字軍の歌に関しては、F. W. WENTZLAFF-EGGEBERT, *Kreuzzügsdichtung des Mittelalters,* Berlin, 1960（『中世における十字軍の歌』）。し

かし、これらの問題の概要を知ろうとする場合、フランス語の著作を参照することもできる。

A. Lecoy de la Marche, La prédication de la croisade au XIIIe siècle, *Revue des questions historiques*, tome 48, 1890（「一三世紀における十字軍の説教」）。著者は、特に、アンベール・ド・ロマンの論文（これは Palmer A. Throop, *Criticism of the Crusades. A Study of Public Opinion and Crusading Propaganda*, Amsterdam, 1940（『十字軍批判　世論と十字軍宣伝の研究』）によっても研究されている）を使用している。

J. Bédier et P. Aubry, *Les chansons des croisades*, Paris, 1909（『十字軍の歌』）。彼らは十字軍の歌の一部を簡潔な紹介を付して編集している。

軍記物としては、*Histoire anonyme de la première croisade*（『無名作家による第一回十字軍記』）、ed. et trad. L. Bréhier（*Les classiques de l'histoire de France au moyen âge*, tome 4, Paris, 1924）がある。これはノルマンディ出身の騎士によって、事件を直接見聞しながら書かれた、第一回十字軍に関する最も生き生きとした物語の一つである。

後発の十字軍

Nicolas Iorga, *Philippe de Mézières*（*1327–1405*）*et la croisade au XIVe siècle*（『フィリップ・ド・メジエール（一三二七—一四〇五年）と一四世紀の十字軍』）、Bibliothèque de l'École Pratique des Hautes Études, tome 110, Paris, 1896. 英語で書かれた M. Aziz Suryal Atiya, *The Crusade in the Later Middle Ages*, London, 1938（『中世晩期の十字軍』）が手もとにない場合、このイオルガの著作は、東方のラテン諸国家の消滅後も生き続けた十字軍精神の概要を提供してくれている。

十字軍研究総覧

Hans E. Mayer, *Bibliographie zur Geschichte des Kreuzzüge,* Hannover, Hahn, 1960（『十字軍史に関する文献目録』）。この記念碑的著作よりも劣るが、

Aziz S. Atiya, *The crusade. Historiography and Bibliography,* Indiana University Press, 1962（『十字軍　研究史と文献目録』）がある。

最後に、本書とかなり近い主旨で書かれた著書を挙げておこう。

Hans E. Mayer, *Idee und Wirklichkeit der Kreuzzüge,* Germering, Stahlmann Vlg., 1965（Historische Texte. Mittelalter）（『十字軍の理念と現実』）

原　注

〔第二部のみに付けられている〕

第一章

（1）他の著者ではなくて、フーシェ・ド・シャルトルに依拠してこのテクストをここに紹介する理由は、フーシェのみが教皇演説の要旨を完全な形で残しているのに対して、他の著者は同じ演説のなかで「神の休戦」とシモニアに関する部分を削除していることにある。読めば分かるが、フーシェのテクストもエルサレムに関する部分が補われねばならない。そしてこの歴史家には、彼の競合者たちと同じく、教皇演説の正確なテクストを私たちに伝えようとの意図は持っておらず、彼らはその大まかな復元を試みたにすぎないことは間違いない。D. C. Munro, The Speech of Pope Urban II at Clermont, 1095（「一〇九五年のクレルモンにおける教皇ウルバヌス二世の演説」), in *American Historical Review*, vol., IX, 1905–1906, pp. 231–242 を参照。

（2）ボスポラス海峡。

（3）ビザンツ帝国（そして特に、今日のトルコ共和国に相当するアジア領）を指す。

（4）教皇は司教たちに訴えている。

（5）諸司教にその復活を命じていた「神の休戦」に関して、同教皇は「もし誰かが貪欲からであれ、高慢からであれ――ここに上掲テクスト中の表現「名誉または富を得ようとの願望」を見いだす――、自分の責任でそれに違反したならば、その者は破門に処せられるべし」と言っていた。

（6）J. D. Mansi, *Sacrorum conciliorum nova et amplissima collectio*, t. XX, col. 816.

（7）この箇所は、これまでの研究がこの遠征の宗教的・軍事的最高責任者にしてきたアデマール・ド・モントイユに付与された権限に疑問を投げかけている。十字軍に同行した残りの教皇特使と同様、彼の役割は何よりも説教と懺悔に関わる霊的指導者のそれであったと思われる。

（8）すなわち、彼らの十字軍士としての出発が負債の支払いを免れる手段とみなされない限りにおいて。

（9）通常、土地が担保として使用できる相手は封土に関しては封主、自有地に関しては家系の構成員に限られていた。
（10）「詩編」一四、二（「詩編」に関しては、邦訳聖書、『聖書――旧約聖書続編つき』日本聖書協会、一九八九年に合わせて、章数を変更している）。
（11）「コリント人への第二の手紙」五。
（12）「エペソス人への手紙」五。
（13）テクストを正確に訳すならば、「自分の木々の陰で休息する」となる。
（14）同教皇によって喚起された二者択一は次の通りである。もしイスラーム教徒がシチリアとエジプトを同一者の手中に統合するならば、ラテン人は聖地を保持することはできないであろう（そして実際に、このことはサラディンによって達成されたこの統合のあとに起こった）。反対に、もしラテン人がエジプトを征服するならば、ラテン人の勢力は増大し、それによって彼らはすべての危険から守られるであろう。
（15）したがって、教皇アレクサンデル三世は信者に対して、苦行による償いと区別することによって、エルサレム巡礼で通常得られていた完全贖宥に満足しないよう促す。そして前者の付与をエルサレム王の軍隊で軍役を履行する者に限定し、後者の付与は巡礼の達成によって得られるとした。
（16）同日、この教皇グレゴリウス八世は新しい十字軍の出発を決定した勅書「恐るべきを聞き Audita tremendi」を発する。この勅書のテクストは H. E. Mayer, *Idee und Wirklichkeit der Kreuzzüge*,（『十字軍の理念と現実』）Germering, 1965, pp. 22–25 に収録されている。
（17）「詩編」七九、一。
（18）ここで問題になっているのは虐殺され、地上に放置された聖地のキリスト教徒のことなのか、それとも聖書に記された出来事（「詩編」七九、「エレミヤ書」三四）なのか。
（19）「ガラテヤ人への手紙」六、一四。
（20）「エレミヤ書」一〔「哀歌」一、一〕。
（21）「ルカによる福音書」二二。
（22）非常に大きな努力が払われたにもかかわらず、アッコンと海岸地方の若干の城塞しか奪還できなかった第三回十字軍によってもたらされた最小限の成功を言う。

(23) 本書、一〇六—八ページを参照。

(24) 「詩編」一四四、一。

(25) 「ヨブ記」二一、一八。

(26) サラディンは、当時ダマスカスとカイロのスルターンであったサイフ・アル・ディン・アル・アディルの兄弟である。

(27) 「マタイによる福音書」一一、二九。

(28) ここでは同勅書の完全なテクストは収録されていないが、それは同勅書のすべての条項が（次で紹介する）一二一五年の公会議によって踏襲されているからである。ただし、聖地以外（アルビ地方とスペイン）で戦う人々への贖宥の継続や典礼に導入すべき祈りに関する数節は別であるが、これら数節も不必要と思われるので、ここには挿入していない。

(29) 黙示録が野獣に関して伝えることのイスラームへの適用と、数字六六六に基づくその統治期間の算定は、教皇インノケンティウス三世の治世からでないと現れない。しかし、それは第五回十字軍の時代における東方と西欧とにおいて黙示録的文学作品を生み出した。

(30) エジプトのスルターンによるアッコン平野のコントロールを目的とする城塞の建築は、ラテン人に深刻な不安を与えたことは事実である。彼らがトリポリ、ベイルート、ティルの陥落を準備したのはモン・ペラン、モン・グラヴィアン、ル・トロンにおけるこの種の築城によってである。御変容の山での築城は非難の的になった。そして第五回十字軍の最初の軍事行動は、当然のこと、この城塞を標的とした。しかし、それを奪取するまでにはいたらなかった。

(31) 筆者は《prout in generalibus litteris est expressum et ad maiorem cautelam etiam inferius exprimetur》をそのように理解する。M. ブランデイジは inferius をここで問題になっている者たちよりも下級の者に宛てられた勧誘との解釈をとっている（*The Crusades. A Documentary Survey*〔『十字軍　史料集』〕, Milwaukee, 1962, p. 215)。

(32) 実際には、ユダヤ人は教会法廷の管轄下には置かれていなかった。

(33) ユダヤ人が行う貸付（通常、担保の設定を伴う）の一般的形式は、全般的には短い猶予後の返済を前提としていた。利子が発生し、その額が急激に上昇するのは、返済が期日までに実行されなかった場合のことである。上掲の条項は、返済期日の十字軍士の帰還までの延期を承認している。

(34) 多数のラテン人が、特にトルコとモロッコ（ここでのラテン人傭兵は対象に加えるべきではなかろう）のイスラーム陸軍と、たぶんイスラーム海軍のなかで傭兵として使われていたことは事実である。

(35) したがって、同公会議は東方のイスラーム教徒とのすべての交易――それは、すでにまえで対象となっている。そして、一一七九年の第三回ラテラノ公会議によって禁止されていた武器や戦争用材の交易のみではない――を禁止している。そして、この封鎖は敵国の経済力に打撃を与えるものと考えられている。

第二章

(1) モントメルル（エン県、トワセ郡）の城主アシャールは第一回十字軍で手柄を立てたが、一〇九九年のエルサレム陥落の少しまえ、ヤッファ街道での戦闘で倒れた。

(2) アシャールがクリュニ修道院に譲渡した財産はリュルシィ（今日では、エン県、サン・トリヴィエ・シュル・モワニャン郡に所在する市）とその近郊に分布している。

(3) このような条件で協定を保証すべく、自ら人質となる慣習は一一世紀に広く普及した。リオティエはエン県、トレヴー郡、ジャソン市所在の城下町。

(4) 聖パウロと聖ペテロはクリュニ修道院の守護聖人である。

(5) アルモラヴィデ人への言及は第二回十字軍がシチリアのイスラーム教徒に対すると同時に、キリスト教領スペインの防衛のために勧説されたことを想起させる。

(6) ロエ *Rohais* は中世フランス語でエデッサの呼称。

(7) サンガン *Sanguin* はエデッサの征服者である、モスールのアタベク、イマド・アル・ディン・ゼンギーを指す。フェロン Félon はほぼ「冷酷な」と同義である。

(8) シナイ山に保存されたモーゼの遺骨への言及はその出典が不詳である。

(9) ルイ七世の軍隊は小アジア南部の山岳地帯を横切って、苦難を重ねながら行進していた。

(10) これは、司祭や修道士が自ら異教徒と戦った例がまだ非常に稀であったことを証明していると思われる。

(11) 騎士と従卒の大部分を含んでいた前衛は、すでにテントを張っていた。

(12) ウードはここで、第二回十字軍がダマスカスをまえにして経験することになる失敗について言っているが、この失敗は小アジア縦断に際して蒙った重大な損失と無関係ではなかった。

(13) 騎士が常用したこの戦術は鉄の甲冑を身につけ、実際上不死身となった騎兵からなる密集部隊による攻撃である。地形と軍馬のひ弱さがこの戦術の使用を不可能にした。一四世紀に入り、敵の前衛を突破するために、馬に乗らない戦士が採用され、数々の成功を収めた(トゥール・ポワティエ間の戦いを参照)

(14) 密集隊形を維持できなくなって、騎士は非常に傷つきやすくなった。この分裂が彼らの敗北の原因である。

(15) G. Constable, The Second Crusade as Seen by the Contemporaries (「同時代人が見た第二回十字軍」), in *Traditio*, t. IX, 1953, pp. 213–280.

(16) 同じ反応は、ヴュルツブルクの編年記作家の筆のもとでも出会う (H. E. Mayer, *Idee und Wirklichkeit der Kreuzzüge*, (『十字軍の理念と現実』), pp. 19–20)。

(17) 聖ベルナールは教皇エウゲニウス三世に献呈する『熟慮について』の第一巻を十字軍の出発まえに書いていた。彼は十字軍の終了後に再び筆をとった。

(18) 『詩編』一一五、一。

(19) コンラート三世が辿った道を回避しようとして、アンタリアまでの小アジアの沿岸を使用した、ルイ七世の軍隊の苦しい行進を指している。

(20) 『詩編』一〇八、四〇。

(21) 同 一三、七。

(22) 『イザヤ書』五二、七。

(23) 『出エジプト記』三二、一一。

(24) 『詩編』一一九、五二。

(25) 同 六六、五。

(26) ここでは、ギベアの住民によるエフライム山に住むあるレビ人の妻の殺害によって引き起こされた戦争(『士師記』一九―二〇)が問題となっている。

(27) 実際には、エルサレム総大主教ヘラクリウスは東方を離れてはいなかった。
(28) イブン・アル・アティルは、少なくともアッコン城下の戦闘に参加し、捕虜になった三名の戦士が鎖帷子を剥ぎとられたとき、女性であったことが判明したことを伝えている。もう一人の歴史家イマド・アル・ディンがこの話を広めたようであるが、彼の証言――例えば、アッコン攻囲へ多数の娼婦を参加させた敬虔な動機を力説するとき――の取り扱いは十分に慎重でなければならない（Fr. GABRIELI, *Storici arabi delle Crociate*（『アラブ人が書いた十字軍史』), pp. 177, 191, 194）。
(29) ここで問題になっている人物がフランク人の征服以前に、クラック（ヒスン・アル・アクラード）を占領していた人々の一人であったことはありえない。なぜなら、その征服は八〇年も前（一一〇九年）に起きているので。たぶん、ここでは歓待騎士修道会が一一四二年以降、彼らに帰属していたクラックで保有していた駐屯部隊のなかの補助兵士としてか、テュルコプル（改宗したイスラーム教徒のなかから募られた軽装備の騎士）として仕えていた一人のイスラーム教徒が問題になっているのであろう。
(30) Anneliese LÜDERS, *Die Kreuzzüge im Urteil syrischer und armenischer Quellen*（『シリアおよびアルメニアの史料からみた十字軍』), Berlin, 1964, p. 61 参照。この研究からは、東方の人々が彼らが非難するフランク人の貪欲とその他の欠点から、フランク人に対して慎重な態度をとっていたとしても、フランク人の勇気を賞賛することではいつも一致していたことが引き出される。
(31) サラディンの軍隊――もちろん、この詩人が言っているよりもその数は少なかったが――は、一一八七年ダマスカスを出発し、ティベリヤードを攻囲する。その城下は七月二日の攻撃で奪取されるが、城砦は持ちこたえた。
(32) 実際には、ティベリヤードの王妃、女伯エシィーヴは同城塞がもはやいかなる援軍も得られなくなったとき、七月五日に降服した。
(33) フランク人は東方の人々と異なって、髭を剃っていた。
(34) ここでの裏切りの非難は、トリポリ伯レモン三世に向けられている。実際、彼は一一八七年七月四日ティベリヤードの救援に向かっていたエルサレム王ギィ・ド・リュジニアンの軍隊が壊滅したハッチンの戦いの最中に、首尾よく脱出に成功している。しかし、この広く流布された非難が正当であったとは思われない。
(35) ヨルダン川の支流。

(36) 別のバリアンの息子、バリアン・ディブランは騎士の分遣隊とともにイスラーム教徒の追撃を首尾よくかわし、エルサレム到着と同時に同町の防衛についた。ここで問題になっている他の二名については、その身元の解明は不可能である。

(37) それはサラディンに包囲され、聖都に止まっていたシビル・ド・エルサレムのことである（この詩人は一二日間つづいたあと、一〇月二日に降服で終結したこの攻囲について語るのを忘れている）。

(38) シルビアがルア島に到着したのはエルサレム王ギィの解放後、一一八八年のことである。

(39) ローマ教皇のこと。

(40) テクストは聖書の言葉を使用して、「ダルマヌータの王」と言っている。

(41) 陸路を進んだフリードリヒ赤髭帝は、クレタ島を通らなかった。彼が誤って溺死したのはキリキアのキドヌス川である。

(42) フリードリヒ赤髭帝の息子フリードリヒ・フォン・シュワーベンは、父の遺体をティルまで無事運んだ。しかしアッコンの攻囲はギィ・ド・リュジニアンによってすでに始められていた。したがって、アッコン奪取における彼の役割は決定的なものではなかった。

(43) 事実、イングランド王は一一九一年八月二〇日アッコン陥落後、彼の手に落ちた二千七百人の捕虜を虐殺させている。

(44) それらはアッコンに隣接する小城塞カコと、シドンにかなり近い城塞ボフォール（シャキーフ・アルヌーン）である。

(45) この詩人は叙事詩の形式を用いて、リチャード獅子心王の主要な武勲の数々（アッコン奪取とその防衛者たちの虐殺、アルスーフの戦いのあとに起こった、サラディンによるアスカロンの破壊、アッコンをめぐる軍事行動、ヤッファ襲撃、そして一一九二年にサラディンとの間に締結された条約）について語っている。

(46) 当該遺言書を受理した帝国の公証人。

(47) 病者に奉仕した騎士修道会。

(48) 十字軍では、通常、戦利品は一カ所に山積みされ、遠征隊長と十字軍士との間で分配される。

(49) **Palmer A. Throop, *Criticism of the Crusade. A Study of Public Opinion and Crusade Propaganda***（『十字軍批判

世論と十字軍宣伝の研究』)、Amsterdam, 1940

第三章

(1) Dom Jean Leclercq, Un document sur les débuts des Templiers(「神殿騎士団の草創期に関する一史料」)、in *Revue d'histoire ecclésiastique*, t. 52, 1957, pp. 81–91.
(2)「ローマ人への手紙」一四、八。
(3)「詩編」一一六、五。
(4) ***militia***(「騎士」の意)と ***malicia***(「悪意」の意)の言葉遊び。
(5)「コリント人への第一の手紙」九、一〇。
(6) ***perisse***(「滅びた」の意)と ***pervenisse***(「到達した」の意)の言葉遊び。
(7)「詩編」五八、一一。
(8)「ルカによる福音書」三、一四。
(9) ここでは、イスラーム教徒の略奪者によって巡礼者が皆殺しにあったり強奪されたりするのを防ぐため、神殿修道会の第一の使命が、聖地へ通じる道路で巡礼者を安全護送することであったことを想起しよう。
(10)「詩編」一一五、一。
(11)「マタイによる福音書」二三、三八。
(12)「エレミヤ書」一二、七。
(13)「エレミヤ書」三一、一二。
(14)「イザヤ書」六〇、一五―一六および六六、一三。
(15)「シラ書」二二、三。
(16)「サムエル記上」一五、二三。
(17)「詩編」一三九、二一。
(18)「マカバイ記一」三、一八―一九。
(19)「キリストの哀れな騎士たち」は、居所として「ソロモンの神殿」、すなわち小モスク・アル・アクサを譲り受けた。(「岩のドーム」、または「主の神殿」はある律修参事会員の教会に付属させられていた)。
(20)「詩編」九三、五。
(21)「ヨハネによる福音書」二、一五。
(22) ここでのエジプトは、その象徴的意味において解釈されねばならない。すなわち、聖ベルナールが言及しているのはユダヤ人のエジプト脱出であり、キリスト教徒の援軍の到着にもかかわらず、征服されなかった一二世紀初頭のエジプトではない。
(23)「詩編」八七、三。
(24)「イザヤ書」五一、三。
(25)「詩編」一八、二。
(26)「詩編」五三、一〇―一一。
(27)「詩編」一一五、一。
(28)「詩編」一四四、一。
(29) ここでジョワンヴィルが金持ちであったこと、すなわち多くの土地財産と親族に恵まれた領主であったことを明らかにしておくことが有益であろう。彼は母ベアトリクス・ド・ブルゴーニュを介して、神聖ローマ皇帝フリードリヒ二世と従兄弟の関係にあった。
(30) 各抜粋の末尾に( )を付し、そのなかに抜粋元であるこの著書の章数を示した。
(31) すなわち、その他九名の騎士――そのうち二名は旗を持っていた(バナレット *bannerets* とは、通常、少しあとで出会う騎士見習 *bacheliers* とは異なって、城や封臣を持つ領主のことである)――とともに。
(32) 一二四八年八月。
(33) 一二四九年五月二八日。キプロス島で冬営したあと、聖ルイ王の艦隊はダミエッタの手前のエジプトの海岸に到着した。しかし、突風が吹いたため、船は散り散りになった。
(34) 国王ジャン・ド・ブリエンヌの指揮下にあった第五回十字軍によって、長い攻囲のすえに実現された第一回ダミエッタ占領のこと。一二四九年、同地の防衛者たちは十字軍士が上陸するや、逃走してしまった。
(35)「詩編」一〇六、二四。

(36) したがって、このことは多くの十字軍士たちが自らの戦利品を民衆に分配していなかったことを意味しているように思われる。
(37) これは、慣習法に慣れていた貴族の目には由々しき誤りである。
(38) これは十字軍士の兵器を保管するために建てられた木造の砦である。それから聖ルイ王の軍隊はダミエッタを立ち、カイロへのルートを塞いでいるマンスーラを目指してナイル川を遡行する。
(39) 火薬の成分。
(40) その前哨部隊が、愚かにもマンスーラまで前進し、そこで全滅してしまったため、キリスト教徒の軍隊は駐屯地に戻った（一二五〇年二月八日）。ジョワンヴィルはブルターニュ伯の軍隊の後退を援護するため、運河に架かる橋を死守すべく、自己の部下を残らせることを最初に言い出した。
(41) 聖ルイ王はこの戦闘の最中、川を渡り、イスラーム軍の陣地を占領することに成功した。前哨部隊が経験した惨劇のため、軍はマンスーラを奪取することができなくなった。しかし、十字軍士はその日の早くに占領していた陣地は堅持していた。
(42) 詰め物が入ったヴェストと普通の冑のみで、鎖帷子も甲も着けていなかった。
(43) ジョワンヴィルと彼の騎士たちは、受けた傷のため、四旬節の最初の金曜日（一二五〇年二月一一日）に行われた大会戦に参加できず、予備軍として待機していた。
(44) 二月一一日の戦闘。ジョスラン・ド・ブランシヨンはブルゴーニュ公領の有力領主の一人であった。
(45) 一二五〇年三月二七日。
(46) 一二五〇年四月七日。
(47) すなわち、彼らはこの寡婦に用意されるであろう新しい夫について話していた。
(48) 一二五〇年三月六日。
(49) ジョワンヴィルがその武勲について話しているこの司祭、ジャン・ド・ヴォワゼ（彼は二月九日、フランク人を槍で蜂の巣にしようと、壕のうしろに隠れていた八名のイスラーム戦士を撃退した）は、四月一〇日に、他の病人たちとともに虐殺されたに違いない。
(50) 一二五〇年四月五日。

(51) エジプトのスルターンのこと。ジョワンヴィルが先に語った艦隊が問題になっている。この艦隊は軍隊とダミエッタとの間にある水路による連絡を遮断していた。負傷者たちは川岸を行進していたが、病人は船に乗せなければならなかった。しかし、この作戦は水兵たちの衰弱と死にかかっていたと思われる聖ルイ王の健康状態によって失敗した。軍隊はエジプトを撤退し、再乗船することを定めた協定が締結されそうになった。しかし、国王は降伏を命じていると誰もが確信した。そして全軍が捕虜となった。

(52) すなわち、地上に残された病人たちの虐殺。

(53) 彼はシチリア島に住むサラセン人で、たぶん、高級貴族の捕虜がもつ重要性を理解できるに十分なフランス語が話せたであろう。

(54) ガレー船の衝角のこと。

(55) ここではイスラーム教徒のこと。

(56) スルターン、アル・カミルと皇帝フリードリヒ二世の関係では、いかにこのエミールがことのほか同皇帝の親戚に強い関心を持っていたかによって明らかにされる。

(57) ナタリ・ド・ヴァイイは《poor cela》を「そのために」と解している。しかし、この表現はむしろ「それにもかかわらず」と解釈すべきと、筆者は考える。

(58) 一二五〇年四月一〇日。ジョワンヴィルは六月に捕らえられた。

(59) ここでは、ハッチンの戦いの逸話を指している。それによると、サラディンは捕虜として彼の天幕に連れてこられたギィ・ド・リュジニヤンに飲み物を与えるが、ルノ・ド・シャティヨンを彼の客として遇することを拒否した。もちろん、ルノにも飲み物は与えられたが、その杯を彼に渡したのは自分ではないと念を押し、サラディンは彼を殺させた。

(60) イスラーム兵士は、実際に、子供の捕虜とそれ以外の捕虜とを分離していた。聖ルイ王はその後の話し合いで、イスラーム教徒の間で育てられるようになっていたこれらの若いフランク人捕虜の返還に成功する(そして、彼らは聖ルイ王に同王の捕虜以前から捕らえられていた子供たちも送還してきた。彼らは非常に残念がってこの送還を行ったのであるが、それはこれらの子供たちが彼らの信仰を放棄していたからである)。

(61) ダミエッタの返還と身代金の支払いがこの解放の条件であった。この解放は一二五〇年四月三〇日と定められていた。しかしすべての貴族が乗船したとき、革命が勃発した。スルターンがエミールたちに殺害された。その結果生じた出来事については、ジョワンヴィルが次の段落で語っている。国王との間で締結された協定は突如破棄され、捕虜たちは虐殺に怯えた。

(62) 十字軍士は、実際に、神殿騎士団にお金を預けていた。同騎士団は西ヨーロッパから聖地までお金を運ぶ任務を担わされていた。しかし、ここで問題になっているのはそれぞれ独立した金庫で、預金の謝礼を差し引いて、共通の金庫から一定の金を引き出す仕組みではない。

(63) キリスト教徒支配下の東方の村。

(64) この教皇特使は十字軍に同行していた、枢機卿ウード・ド・シャトルーである。

(65) ジョワンヴィルが捕らえられるまえに、ナイル川に宝石・貴金属を投げ捨てたことが想起される。

(66) 聖ルイ王がダミエッタを放棄し、マムルーク族に最初の二十万リブラを支払ったとき、国王と貴族のみが解放された。この「庶民たち」はカイロに連れて行かれ、次の二十万リブラの支払いによって解放されねばならなかった。そしてこれらの捕虜の解放は一二五二年まで続けられた。

(67) たぶん、一二五〇年六月一九日であろう。

(68) ローマ教皇は十字軍の出発のため、同国王に聖職者の財産から税を徴収する許可を与える。ここでジョワンヴィルはこの税の収入がそのときまでの十字軍財政を十分に賄っていたことを分からせようとしている。少し先で、彼はこのような自由な発言が国王を侮辱しなかったか自問することになる。

(69) アンティオキア公ボエモン六世は北部のラテン人諸国家（エジプトとフランク人の戦争のほとんど圏外に置かれていたアンティオキア公領とトリポリ伯領）を統治していた。

(70) 「神が私を助け給わんことを」は中世の説教での常套句。

(71) これは聖地に定住したラテン人（そして特に、原住民との結婚によって生まれた子供たち）に付けられた名称である。これに対して、これらラテン人は東方に来たヨーロッパ人を「エルノーの子供たち」と呼んで対抗していた。

(72) 聖地に定住したブルゴーニュ出身の騎士。

(73) 一二五〇年六月二六日。

(74) 一二五〇年七月末ごろに開催された国王顧問会議のメンバー。

(75) 三年と二五日間続いたアッコン滞在の間、聖ルイ王の出費に関する数字が記録として残されている。彼が雇った騎士の費用は全部で一七万七九三八リブラに上った。(給料を受け取ることなく、彼に仕えていた騎士の費用は六万五千二三五リブラであった)。これに対して、防衛の費用は九万五千八三九リブラであった。Cf. J. Fr. Michaud, *Histoire des Croisades*(『十字軍の歴史』), nouv. éd. par Poujoulat et Huillard-Breholles, t. III, Paris, 1854, pp. 479–481.

(76) ジャン・ド・ヴァランシエンヌは大使としてエジプトに派遣され、二百人の騎士とその他二百人の捕虜の解放に成功した。

(77) これに対して、ジョワンヴィルは混ぜ物の入っていないブドウ酒を飲んだ(その理由は、彼が大きな頭をしていること、そして大きな胃も持っているので、酔わないであろうとの医師の言葉にあった)。しかし、聖ルイ王はその習慣をやめるよう彼に執拗に言った。

(78) 聖ルイ王は聖地滞在の間、城塞を造り、フランク人の手に残されていた城塞を再び使用できるようにした。

(79) シドンの前方にある野営地。

(80) ローマ教皇庁に対する教皇特使の手厳しい態度は、そのなかではびこっている貪欲を非難する世論の流れに合流する。

(81) ジョワンヴィルは一二九一年のマムルーク族によるアッコンの奪取のあとに書いている。

(82) 一二五四年二月末ごろ。

(83) 一二五四年四月二五日。

(84) 聖ルイ王がコンスタンティノープルのボドワン二世から購入した、キリスト受難の聖遺物はサント・シャペル教会の高い礼拝堂の祭壇のうしろの高壇の上に置かれている。したがって、聖ルイ王はこの高壇の階段を上って、「真の十字架」の聖遺物を内陣の高さまで降ろさせたのである。

(85) ナヴァラ王でもあった、シャンパーニュ伯ティボ二世。ジョワンヴィルはシャンパーニュにおける彼の奉行であった。

解説に代えて

ヨーロッパ史における十字軍——新しい時代へ——

宮松浩憲

はじめに

今日研究書以外で十字軍という言葉に出会うとき、それらは禁酒運動、孤児救済運動、売春撲滅運動のように、「キャンペーン」の意味で使用され、中世的意味を含んでいません。このような概念の多様化は、研究書のなかでも起きています。これについては第三節で詳しく説明しますが、十字軍はエルサレム遠征だけではなかったとの考えが定着しつつあります。このように、今日の西洋において、伝統的な十字軍論はそのままでは維持できなくなっています。

したがいまして、十字軍研究は新しい時代に入ってきていると思われますが、六〇年代にマイヤー（Mayer, H. E.）が作成しました十字軍の詳細な文献目録には約六千点の研究が収録されています。このなかにはグルッセ（Grousset, R.）、ランシマン（Runcimann, S.）の代表的な通史があります。グルッセの研究は、最初に書かれた浩瀚な通史でありますが、フランス本国以外での評価が低いのに対して、ランシマンのはオーソドックスなものとして広く認められています。よりコンパクトな通史としましては、マイヤーの『十字軍の歴史』が高く評価されています。他方、共同研究として特筆されますのが、十字軍研究をはじめて綜合化する国際的イベントとして、五五年から刊行され、『ペンシルベニア十字軍史』と通称されている、セットン（Setton, K.）監修の『十字軍の研究』全六巻があります。これは、グルッセの通史に対抗して企画されたようですが、イギリス学界の権威ライリー・スミス（Riley-Smith, J.）は共同研究に共通する欠陥を指摘した上、研究は包括的でもないと、低い評価しか与えていません。報告者も同様の印象を持ちました。

本日、これらの膨大な研究蓄積に踏み込むことは時間からも能力からもできません。したがいまして、本日の報告では、六〇年代中葉までの研究動向がよく整理して書かれているモリソン（Morrisson, C.）の『十字軍』にもっぱら依拠することにしました。第二節では六〇年代以降の研究動向をご紹介し、第三節では新しい研究動向のなかから特に注目されるものを四つ選び、少し詳しく説明を加えることにしました。

第一節　一九六〇年代前半までの十字軍研究

一　十字軍の起源

十字軍の起源に関しては決定論、二者択一論は後退し、人口増加、土地不足、流通の拡大、地中海の封鎖解除といった社会・経済的条件を舞台の背景に置き、つづいて舞台の上には巡礼慣習、巡礼路の安全保障、異教徒に対する戦争の正当化論、ギリシア人の狡さと弱さのイメージとイスラームに関する無知の四つが据えられ、最後のスポット・ライトが当たった部分にビザンツ皇帝によるローマ教皇への援軍派遣の懇請と、クレルモンでのローマ教皇ウルバヌス二世のアピールと第一回十字軍宣言が配されています。

二　十字軍遠征

この項に入るまえに、一つ重要と思われることを指摘しておかなければならないでしょう。それは西洋の研究者が抱いている十字軍研究を叙事詩とみる感情と深く関わっていると思われるのですが、十字軍遠征の叙述が常に十字軍の通史の半分以上を占めていることであります。因みに、当初五巻を予定していたセットン監修の『十字軍の歴史』の三巻までが十字軍遠征に充てられていました。したがいまして、モリソンも伝統的な手法に従い、正規十字軍を第一回から第八回まで追い、その後で一四、五世紀の十字軍計画に論及しています。そして正規十字軍を前後二つに分け、第三回までの前半とエルサレム奪還による十字軍国家の建設と防衛、後半を十字軍の逸脱と無力化と特徴づけています。

三　十字軍の組織

これが十字軍研究のなかで最も遅れている分野であることを指摘したあと、モリソンは次のように十字軍の準備から入っていきます。ローマ教皇は十字軍の提唱者であったが、その勧説は教皇特使などの特定の聖職者に委ねられていた。ローマ教皇は十字軍の日程、十字軍士の諸特権を定め、そしてこれらの特権により、十字軍士とその家族・財産はすべて教会の保護下に置かれ、十字軍士は教会法廷の管轄下に入り、税を免除され、帰国まで負債の返済が猶予された。十字軍の財政は自己負担や寄進から徴税へと移行する。一二世紀以降領主は領民に戸割税、十分の一税などの特別税を課し、それは漸次通常税へと変質していき、教会も第四回から全聖職者に十分の一税を課すようになった。そして一二世紀まで十字軍士は自国の貨幣を携帯するが、それ以後は修道騎士団に資金の輸送・保管を委ねるようになる。

十字軍の経路も第二回までの陸路から、高価ではあるが速くて安全な海路に変わり、イタリア商人との間で軍隊や物資の輸送契約が結ばれるようになる。第二回から非戦闘員は十字軍から排除されるが、十字軍記が伝える十万ないし六十万といった兵力は誇張の産物として退けられ、輸送契約書から国王・諸侯レヴェルの十字軍は二、三千人の戦闘員で構成されていたにすぎないと結論しています。十字軍は封建軍団のままで指揮系統は統一されておらず、十字軍に従軍した教皇特使二名の権限も霊的事項に限定されていた。戦術の改良もほとんど行われず、基本的には、トルコ軍の軽装騎兵弓隊に対して、十字軍は重装騎兵隊で戦った。

四　十字軍国家

封建国家としての十字軍国家はそれぞれ独立していて、必ずしも十字軍の目的実現を最優先させる政体ではなかった。最高権者は世襲であったが、国庫の基礎は主として流通税で、封のなかに占める貨幣の割合も当然高かった。建国後王権は西欧とは反対に衰退し、一三世紀より封建軍に代わって修道騎士団が常設十字軍士の役割を果たすようになる。司法制度に関しては、海事法廷、市民法廷、上級法廷はフランク人によって構成されていたが、村法廷、市場法廷は従来通りの機能と構成を維持する。また、所領は労働力不足から領主直領地を欠き、領主と農民は地代徴収者と納入者の関係でしか結ばれていなかった。日常生活における民族的対立も宗教・社会生活における共存関係から、深刻化することはなかった。これに対してフランク人移住者の十字軍意識は希薄で、新来の十字軍士との間で確執が絶えなかった。そしてフランク人の閉鎖性・無関心は文化交流の面でも確認される。

五　国際関係のなかでの十字軍

この項でもモリソンの評価は消極的であります。ギリシア人には十字軍は理解できなかったうえ、一二〇四年の十字軍によるコンスタンティノープル占領後は政治的要因と宗教的要因を結合させ、宗教界の問題にとどまっていた教会分裂を公然たるものにしてしまった。同様に、中世イスラーム世界は西欧キリスト教世界ほど閉鎖的ではなく、十字軍に宗教的動機があったことも知らなかった。したがって、十字軍は隣接地域を除いては、イスラーム世界にそれほど強力なインパクトを与えることはなかった。イスラーム文化の輸入も、すでにスペイン、シチリア経由で展開され、国際交易での十字軍の貢献もレヴァント交易の開拓に限定される。十字軍の宣伝は敵のイメージを可能な限り歪曲してしまったが、十字軍は非信徒の巨大な集団の存在をはじめてキリスト教徒に明らかにした。そして十字軍は一二世紀キリスト教世界の地理的・精神的水平線を広げることに貢献したと同時に、十字軍自体がその衰亡の原因の一つを提供したとの文明批評でもって、モリソンは全体を締めくくっている。

第二節　最近の十字軍研究

アメリカにおける十字軍研究の大家ブランデイジ（Brundage, J. A.）は六四年に次の六項目に分けて十字軍研究の展望を試みました。第一が、十字軍士の全側面を法的に捉える研究。第二が、十字軍士の経済的背景を解明する研究。第三が、十字軍士のプロソポグラフィックの研究。第四が、十字軍の兵站部門の研究。第五が、碑文学、考古学などの隣接諸学の活用。第六が、エルサレム十字軍以外の十字軍の研究であります。第二と第三は第三節の三項で、第六も同じ節の一項で詳しくご説明する予定ですが、この展望を考慮に入れながら、六〇年代後半から今日にいたるまでの十字軍研究がどのように展開されてきたかを、第二節の項立てに従ってご紹介することにします。

一　十字軍の起源

十字軍史家の起源論は宗教思想の分野に限定され、社会経済史における起源の究明はその専門家に委ねられてきました。六〇年代までの通説に大きな変更はありませんが、一一世紀＝不況説は完全に後退し、十字軍の時代を「大躍進の時代」とするデュビィ（Duby, G.）の言葉に代表されるように、一一世紀＝好況説が定着してきています。

西欧の東方進出は聖地巡礼と対近東貿易の再開となって現れるとされてきましたが、この両者がどこでも対をなしていたというわけではありません。カルディニ（Cardini, F.）によると、イタリアにおいては巡礼慣習はアラブの進出によりほとんど停止しており、十字軍運動はむしろ商業発達、人口増加と強く結びついていました。

「正当な戦争」論と聖戦論を二つの柱とする思想的背景に関する通説にも変化はみられません。「正当な戦争」論は聖アウグスティヌスの考えに依拠し、強奪されたキリストの財産を異教徒から取り戻すという復讐戦が強調されています。他方、「神のために戦う」ことにより暴力が正当化されるとする聖戦論は十字軍士をキリストの戦士に変身させました。そしてこの両者の関係は封建関係の理念と重なり合うのみならず、この暴力公認論は一〇世紀末から現れる「祈る人」、「戦う人」、「働く人」の三身分論や「神の平和」運動によっても補強されました。

これに対して、教皇ウルバヌス二世＝十字軍創始者論にはまだ決着がついていません。この説の正否は、十字軍宣言のオリジナル文書が伝来していないことをいかに克服するかにかかっています。今世紀初頭マンローは二次史料に記された十字軍宣言を校合し、オリジナル文書の復元を通して、この説の正当性を立証しようとしました。その後フリッシュ（Fliche, A.）に継承され、最近ではカウドリー（Cowdrey, H. E. J.）が多様な史料を参照し、教皇ウルバヌス二世の目的がエルサレムの解放にあったことを再確認しています。これと対立するのがエルトマン（Erdmann, C.）、マイヤーなどのドイツ学派のローマ教皇＝東西教会統一論者論で、教皇庁に根強い東西教会統一論、ギリシア皇帝の援助懇請、十字軍宣言文に目的地としてのエルサレムが明示されていないことが、彼らの主たる論拠になっています。さらに、この批判は十字軍士が体験した奇蹟を重視するアルファンデリィ（Alphandéry, P.）、遠征の具体的経過に注目したブレイク（Blake, E. C.）の十字軍像の漸次的形成論、パーセル（Purcell, M.）の十字軍理念＝二元論となって現れています。

二　十字軍遠征

ここでは、次の二点をご紹介することにします。第一点は、十字軍の教科書的見方に対する批判で、特に興味深いのがスマイル（Smail, R. C.）の論文「ラテン＝シリアと西欧。一一四九―一一八七年」であります。このなかで彼は十字軍のイニシアチブが常に十字軍国家から発せられていたとし、西欧からしかみない十字軍研究を批判すると同時に、五年周期でこの四〇年間に十字軍の準備が七、八回繰り返されていることを検証し、十字軍運動は連続していたことを強調しています。

第二点は、ローマ教皇中心の十字軍史観の後退で、一一世紀後半から始まり、インノケンティウス三世にいたるローマ教皇権の直線的伸展論批判へつながっていきます。先の論文でスマイルは東方からの情報が教皇庁以外にも西ヨーロッパの聖俗諸侯に絶え間なく届けられていたことを明らかにしています。

一九六〇年ごろまでは、ローマ教皇は教皇特使を十字軍の総指揮官に任命したとするフリッシュの見解が示すように、十字軍における教皇の指導性が強調されていました。しかし、その後の研究は教皇特使権限が限定されたものであったことを明らかにしたのみならず、十字軍の逸脱行為、十字軍国家の宗教問題に対する教皇権の無力、ローマ教皇インノケンティウス三世のシチリア十字軍が実現にいたらなかったことなどの知見が次々と発表されています。

三　十字軍の組織

通説によりますと、十字軍誓願は第一回から存在していたことになっていますが、六六年ノット(Noth, A.) によって誓願は第一回十字軍のアンティオキア攻囲の際逃亡を阻止するために戦士が自ら採用したことに始まり、一二世紀初頭教皇カリクストス二世によって法的に定められたとの新説が発表されました。これに対して、長年十字軍士の法的側面からの研究に従事してきたブランデイジがすぐに反論を試みています。またブランデイジは十字軍士としての聖職者、夫婦にも新しい考察を加えています。聖職者も大勢十字軍に参加していたことは周知の事実ですが、聖アンセルムは戒律を盾に修道士の巡礼・十字軍参加に反対し、教皇ウルバヌス二世も参加する聖職者に司教・修道院長の同意を義務づけます。一二一三年教皇インノケンティウス三世はこの伝統に反して、聖職者に自由誓願権を認めますが、この革新は継承されず、教会法学者も保守的態度を貫き通します。夫婦関係が問題になるのは十字軍士の夫としての義務と十字軍誓願との関係であります。教会法は誓願は夫婦の同意を前提とすると定めているのですが、教皇インノケンティウス三世は正規軍の主力である騎士の十字軍参加を促進するため、一二〇一年十字軍誓願に際して夫は妻の同意を必要としないとの教令を出します。しかし、教会法学者はこの決定を否定はしませんが、単なる特別措置として処理してしまいます。

このほか、ケダー（Kedar, B. Z.）は第七回十字軍でフランスからエルサレムへ四百五十三名の十字軍士を運ぶ聖ヴィクトル号の乗客名簿を発見し、十字軍士の構成に新たな知見を加え、ケラー（Queller, E. E.）は全権大使制度との関連から第四回十字軍を考察しています。

四　十字軍国家

ここでは、先進地・後進地論を中心に話を進めますが、それは十字軍国家が西欧の制度・慣習を欠いた土地に建設され、常に戦時体制を強いられていたことから生まれてきたと思われます。一一八三年エルサレム王国内で徴収された税は全住民を対象とする王国初の「所得税」であったのみならず、のちに西欧におけるこの種の税の手本となったと言われてきました。しかしケダーは一一八三年のこの税の決議文とイングランド王ヘンリ二世の一一六六年の文書とがきわめて類似していることを発見し、この税制度の西欧からの輸入説を唱えました。

また、十字軍国家においてもコミューン運動が確認されています。六〇年代前半まで西欧のコミューン運動を手本とするラモント（La Monte, J. L.）の見解が支配的であったのですが、六六年プロワー（Prawer, J.）はこの見解を退け、十字軍国家のコミューン運動は身分制国家形成の重要なステップであったと、十字軍国家の先進性を強調します。しかしその後、コミューン運動は都市自治と身分制国家形成の二方向を同時に内包していたとする折衷説、さらにコミューン運動はエルサレム王となった皇帝の中央集権化政策の一時的対抗手段でしかなかったと、都市解放運動の存在をも否定するライリー・スミスが現れ、ここでも先進性は後退しています。と同時に、国政のレヴェルでは十字軍国家における公権力の細分化による封建制の出現を検証したマイヤーや、十字軍国家を封建国家と性格づけるエドベリー(Edbury, P. H.) などにより、西欧との共通性が再確認されてもいます。

新しい動きとしての社会史からのアプローチでも先進性は否定されています。十字軍国家のイスラーム教徒に照明を当てたマイヤーは、彼らが余所の同胞より厚遇されていたとする通説を批判し、彼らには国事への発言権は認められておらず、最も基本的な宗教・民法上の自由も否定され、改宗がこの境遇から脱出できる唯一の手段であったと言っています。また、プロソポグラフィックに十字軍国家の領主家系の系譜を復元したリュ・ド・コランベール (Rudt de Collenberg, W. H.) は彼らの祖先も領主であったとして、ランシマンなどの西欧市民起源説を批判しています。

五　国際関係のなかでの十字軍

ビザンツ帝国との関係では、依然として、両者の敵対関係を強調する研究があとをたちませんが、それでも新しい動きが出始めています。例えば、第四回十字軍参加者の行動を分析した研究では、彼らの大半がコンスタンティノープル遠征に加わらず、参加した十字軍士たちも敵対感情だけで行動していたのではなかったことが明らかにされています。また、第一回十字軍の指導者エティエンヌ・ド・ブロワの行動を詳細に追ったブランデイジの論文からも彼とビザンツ皇帝との親密な関係が読みとれますし、一二、三世紀ギリシア人とラテン人の間にはキリスト教徒としての仲間意識があったとするデイリー(Daly, W. M.) は十字軍結成が宣言されるたびにビザンツ帝国への遠征が提案されたが、この仲間意識がそれを阻止し、第四回十字軍は例外でしかなかったと主張しています。

第三節　新しい研究動向

一　十字軍概念の多様化

第一節でご紹介したモリソンは十字軍をローマ教皇がその参加者に物心両面の諸権利を公認し、エルサレムのキリストの墓を解放することを目的と定めた軍事的巡礼と定義し、このような狭義の十字軍解釈がこれまで定説として受け入れられていました。これに対して、ライリー・スミスは七七年の『十字軍とは何であったのか』のなかで十字軍を広義に解釈し、東方・スペイン・ドイツの異教徒、異端、教会分離派、キリスト教世界内で教会に敵対する俗権に向けられた、財産の回復・防衛のための聖戦と定義し、その主要なメルクマールとしてキリスト教徒全体または「教会」の要求と結びついていること、教皇の認可の二つを挙げています。この十字軍の拡大解釈はライリー・スミスが最初ではなく、この動きはすでに彼以前から始まっていました。さらに、この動向はブランデイジの研究展望の主旨とも合致し、若い研究者の間でも賛同者を獲得しています。そしてこの新しい定義に従えば、十字軍は西ヨーロッパの全方向に向けて企てられていたことになり、西ヨーロッパの膨張を十字軍運動として捉えなおすことが可能になります。また、十字軍運動が一八世紀まで引き延ばされることにより、西ヨーロッパと十字軍運動との永続的で深い関わり合いが改めて確認されています。

しかし、この定義によると、いわゆる民衆十字軍が十字軍ではなくなり、中世キリスト教世界のなかで聖地エルサレムが占めていた特殊な位置も相対化されてしまいます。ライリー・スミスは彼の定義の正当性をエルサレム十字軍士が享受したのと同一の贖宥が広義の十字軍士にも付与されていたことと、エルサレム十字軍誓願とその他の十字軍誓願との間に成立した互換性の二つで補強しています。しかし、これは教皇庁の決定であって、十字軍士がエルサレム十字軍とそれ以外の十字軍を同一視していたことの証拠にはなりません。教皇の政策から十字軍をみることは、民衆十字軍を高く評価する最近の傾向にも反することです。十字軍運動を広義に解釈する動きが定着しつつあることは否定できませんが、共通分母の発見という厄介な問題が残されたままになっています。

二　十字軍批判

ヴォルテールやダンテが十字軍を非難していることはよく知られた話ですが、十字軍批判はすでに十字軍と同時進行的に現れています。

中世における十字軍批判の本格的な研究は四〇年のスループ（Throop, P.）の『十字軍批判　世論と十字軍宣伝の研究』によって開始されました。そのなかで著者は一三世紀における十字軍運動の衰退原因を軍事的・政治的要因にではなく、十字軍に対する世論の反感の増大に求めています。

その後の研究も一三世紀に集中していますが、一三世紀を十字軍運動の終焉とする見解と、単なる転換期とみる見解とが対立しています。そして終焉説の論拠としては十字軍誓願の買い戻し、十字軍税の重圧、ローマ教皇による十字軍の濫用、アレルヤ運動・鞭打ち苦行運動などの平和運動の発生、説得・理性による改宗論、民族の平和的共存論などの出現を挙げることができるでしょう。これに対して、一三世紀は十字軍運動を支えてきた聖地エルサレム回復のための聖戦と東西教会の統一との間の調和が崩れただけであると、パーセルは主張します。そして彼は批判も教皇の十字軍政策に向けられ、十字軍自体を否定するものではなかったことは、多くの当時の批判者が発する「なぜ聖地エルサレムへ援軍が派遣されなかったのか」という疑問からも明白であると付言しています。ライリー・スミスも一三世紀は大遠征方式から聖地の防衛を駐屯部隊に任せる小遠征方式へ戦略が転換された時代にすぎなかったとし、一三世紀後半も十字軍熱は衰えていなかったと主張します。十字軍批判は政治的・個人的利害に規定され、世論を代表するものではなかったとスループの方法を批判したうえ、十字軍批判を次の十字軍を成功させるために行われたと考えています。

しかし、一一、一二世紀の武勲詩 chansons de geste を分析したジョナン（Jonin, P.）は十字軍の精神的風土として熱狂とその対極にある冷淡・否認の共存を検出しています。さらに、カンタベリ大司教アンセルムとシャルトル司教イヴの十字軍観を探った研究によると、聖アンセルムはクレルモン公会議に欠席し、イヴは教皇の支援で司教に就任できたにもかかわらず、両者とも十字軍支持者ではなく、ときどきそれに対して敵意さえみせています。彼らは十字軍参加者に対して思い止まるよう説得し、教会の軍事力使用にも懐疑的でした。しかし二人は孤立した存在で、他の批判者と同様、十字軍を公然と批判することはなかったようで、ここに十字軍批判の限界をみることができるでしょう。

十字軍熱の持続を強調するシベリー（Siberry, E.）は批判と世論を切り離して考えようとしていますが、一二世紀から現れる批判、一三世紀における教皇の十字軍政策の変更と公式十字軍の終焉、国家意識の成熟などを考えた場合、二百年の間十字軍がキリスト教共和国の総意の表れであり続けたと主張することはできないでしょう。

三　社会経済史からのアプローチとコンピュータ利用

社会経済史のなかで十字軍は、西欧における富の再編と関連づけられてきました。デュビィは中部フランスのクリュニ修道院の経済基盤が一二世紀初頭、伝統的な所領経済から貨幣経済へ移行した時期であったことを解明しました。フォシエ（Fossier, R.）は北フランス、ピカルディの研究のなかで、一三世紀中葉を「富の再編期」と考え、貴族財産の危機を想定し、その最大原因に出費の増加を挙げています。またパリの西、シャルトル地方に関してシェドヴィル（Chédeville, A.）は貴族財産のなかから教会と付属の諸権利が取り除かれたことを明らかにしています。しかし彼らはこのような貨幣経済の拡大・浸透は領主側に根本的変更を迫るものではなかったとして、ブロック（Bloch, M.）と異なり、一三世紀前半における領主制の転換を認めようとはしません。

これらの研究者は一致して出費の増加を認め、支出項目の筆頭に十字軍費を挙げます。そしてシャルトル地方では一人最高百リブラ、マコン地方では二百リブラ、ピカルディーでは二百六十五リブラが十字軍費に充てられていたとのことです。この十字軍費がいかに高額であったかは、フランス最大の聖界領主で、約三百人の修道士を抱えていたクリュニ修道院の年間所領収入が三百リブラであったことからも容易に想像することができます。

報告者も今から四年前、記述史料一辺倒の研究に満足できず、フランス西部のポワトゥ地方の文書史料を使って、十字軍の社会経済史的考察を試みましたが、お手もとの資料（Ⅰ）と（Ⅱ）はその一部であります。資料（Ⅰ）はポワトゥ地方の十字軍熱が第二回まで強力に維持されたあと、沈静化していたことを示しています。フランス中部、マコン地方でも同じ推移が確認され、十字軍運動の中心が南から北へ移動していたように思われます。次に、十字軍士の構成ですが、マコン地方では騎士層は遅れて伯・城主層に加わったあと、一二〇〇年以後十字軍に関心を示さなくなったのに対し、ピカルディでは十字軍の主体が反対に、伯・城主から騎士・市民層へ下降しています。一二三九年までのポワトゥ地方で確認される十字軍士五七名の内訳は伯（一名）、副伯（四名）、城主（一〇名）、騎士（五名）、聖職者（二名）、不明（三五名）となっています。不明の構成がいまひとつはっきりしませんが、次に目に付くのが城主層の参加であります。しかし、百近い城主家系からすると、城主の参加は決して多くはなく、また彼らの初期の反応も非常に鈍いものでした。騎士の参加も意外に少なく、これが実数に近かったとすれば、十字軍は闘争心を外部に向けさせ、平和の回復に大いに寄与したとの主張とどのように両立するのでしょうか。資料（Ⅱ）は十字軍士の身分、出発時の法行為、金銭授受、相続人の有無、生死についてまとめたものであります。結論だけ申し上げますと、伯や上級城主は出発に際して資金援助を受けておらず、またそのとき負債を抱えていた形跡もありません。中小城主の一部は資金の援助を受けていますが、一二世紀までは借金によって彼らの財政が圧迫されることはありませんでした。下級領主へ下るほど、出発時の資金援助が多くなってはいますが、一二〇〇年ごろまでは彼らの家産も大きく蚕食されることはありませんでした。しかし一三世紀に入ると、負債額も一一世紀末の十倍以上に膨れ上がり、一部の家系は確実に没落の道を辿っていたと思われます。

このような研究をプロソポグラフィックの面で発展させたのが、十字軍の社会史的考察と謳っているパウエル（Powell, J. M.）の『十字軍の解剖学』であります。彼は第五回十字軍の誓願者約八百人をコンピュータを使って、主として記述史料から抽出し、彼らの出身地、身分、同伴者、誓願履行の有無、生死に考察を加えています。資料（Ⅲ）、（Ⅳ）、（Ⅴ）は十字軍士の国別・身分別・性別構成に関する表で、その構成から第五回十字軍が西ヨーロッパ十字軍の性格を持ち、フランスに関する出身地の分布は、報告者の指摘通り、北へ行くほど密度を増しています。資料（Ⅳ）は司教と俗人貴族の親族同伴率を調べたもので、ドイツ司教やフランス貴族の三人に一人が親族同伴者であったことから、家族的つながりが重要な役割を果たしたとし、十字軍は海外に富を求める若者たちで主として構成されていたことを再確認しています。そしてこの表から、十字軍誓願者は個人の意思よりも社会的諸関係によって規定されていたと結論づけます。資料（Ⅶ）の十字軍士の到着状況で、一二一九年以後の増援部隊がほとんど到着していなかったことと、資料（Ⅷ）の十字軍士の死亡率で、彼らの三人に一人が死亡していたことを検出し、第五回十字軍の失敗原因を資金・兵力の面から新しく迫っています。

このような新しい十字軍研究は、すぐに伝統的研究に取って代わりうる性格のものではありません。パウエルが入力したのは記述史料で、報告者が依拠した文書史料は対象から外されています。パウエルもよくわきまえていて、数量化の結果だけでもって伝統に立ち向かおうとはしていません。これは二者択一の問題ではなく、両者は補完的関係にあり、加えて、この新しい研究はこれからの十字軍研究の綜合化に不可欠な手続きだと確信します。

四　「向こう岸」からの十字軍研究

「向こう岸」は必ずしも西ヨーロッパの外にあるとは限りません。本シンポジウムは三つの方向から十字軍を表題に掲げていますが、これにユダヤ人からみた十字軍を加えることができるのではないでしょうか。

ユダヤ人迫害は第一回十字軍からヨーロッパ各地で発生しています。例えば、エデッサ陥落の知らせが伝えられると、ライン地方の民衆を聖地エルサレムに駆りたてていた修道士ラウは出発前にキリスト再臨を妨げるすべてのものをこの世から取り除くことを説き、ユダヤ人がその犠牲になりました。第三回十字軍によるユダヤ人迫害はイギリスが最も激しく、フランスとドイツでは国王や司教の保護政策によって被害が少なかったようです。それでもドイツでは、マインツのユダヤ人が武器を持って十字軍と戦い、ケルン、ウォルムスなどのユダヤ人は都市を脱出し、別の都市では市長が市民を守るためにユダヤ人を十字軍に引き渡すことさえしています。シャザン（Chazan, R.）はユダヤ人が書いた史料から、ユダヤ人の十字軍に対する感情を、出発した十字軍の敗北に対する喜びと新しい十字軍による迫害への恐怖との共存と特徴づけています。

十字軍研究の新しい動きとして、五〇年代から始まった「向こう岸」出身の研究者の西ヨーロッパ学界への登場が挙げられます。なかでも、ヘブライ大学教授のプロワー、ケダー、ジャコビー、アメリカで活躍するエジプト人学者アティヤなどが有名で、プロワーはエルサレム王国の制度史研究に大きな進歩をもたらし、ケダーは十字軍運動と平和的布教の関係を究明し、アティヤ（Atiya, A. S.）は十字軍を古代から存在する西洋対東洋の問題として位置づけ、イスラーム側の反十字軍運動も詳細に論じています。また同じころから西欧におけるイスラーム史の研究も着実に増加しています。例えば、フランスではパリ大学のカエン（Cahen, C.）教授の精力的研究と指導が目を引きますし、一九五六／七年度に歴史教員資格 Agrégation のなかにイスラーム史がはじめて加えられたことは画期的なことと言えるでしょう。

しかし、以上の新しい研究方向は外から学界に加えられた衝撃でしかありません。この問題は六四年のブランデイジの研究展望のなかにも現れませんし、彼が史料編纂と翻訳の重要性を指摘するときも、それらはもっぱらラテン語史料で、直接アラブ語原典に当たっている正統派の研究者は誰もいません。

このように、国際的な出来事を西ヨーロッパの史料のみに依拠して研究する限り、綜合化の道はまだ遠いと言わなければならないでしょう。

他方、ガブリエリなどのアラビア語学者によってアラビア語原典およびアラビア語論文の翻訳も始まっています。ガブリエリは五七年の『アラブからみた十字軍の歴史』のなかで「今日キリスト教徒のイスラーム観は共感的・和解的になっている」と述べ、研究が新しい方向へ進んでいることを示唆しています。しかし別の論文で彼は「アラブ研究者に必要なことはアラブに対する共感である」と言うとき、共感 sympatie という言葉に何か引っかかるものを感じます。このような異教徒に対するキリスト教徒特有の態度はフランス中世史の大家モラ（Mollat, M.）も例外ではなく、聖ルイ王は暴力としての十字軍を布教としての十字軍に変えたとし、彼の行為のなかにキリスト教ユマニスムの表出をみようとしました。さらに、研究者がコンスタンティノープルを攻撃した第四回十字軍を十字軍の逸脱として共通に批判するとき、彼らの視野のなかには、十字軍自体を逸脱行為と考える「向こう岸」の意見は入っていません。また、これは他人事として片付けられるものでもありません。我々も十字軍研究において西欧の研究を無批判に踏襲することにより、知らず知らずのうちにこの誤りを犯していないか反省する必要があるのではないでしょうか。

おわりに

十字軍研究は叙事詩の時代を脱し、科学の時代に入っています。権威自身による弛まない問題提起を若手研究者の新しい視角の導入により、通説の総見なおしが開始されています。これまで独立した歴史分野を形成してきた十字軍研究は西ヨーロッパ史との有機的関係を一層深めると同時に、参考史料の多様化、「向こう岸」を含む新しい血の学界への注入により、十字軍研究の地平線は大きく広がろうとしています。

戦前のグルッセに代表される、十字軍をヨーロッパ最初の植民地活動とする楽観的史観は完全に影を潜めました。十字軍の功績をヨーロッパ人の食卓に果物のアブリコがのるようになったことと言って憚らないフランス・アナール学派の中心人物ル・ゴフ（Le Goff, J.）は少し行きすぎとしましても、十字軍の評価ははっきりと否定的に傾いています。

我が国でも最近、「向こう岸」の人の手になる十字軍史の翻訳が出版されましたが、非常に喜ばしい傾向だと報告者も思っています。ただ不安が少しあるとすれば、それは我が国における十字軍研究が西ヨーロッパ中心史観かイスラーム中心史観かといった皮相的な議論に巻き込まれることであります。このことを含め、今十字軍研究が新しい時代に入っていることを再度強調して、本報告を終わることに致します。ご静聴を感謝します。

（一九八七年八月二一日成稿）

主要参考文献
Alphandéry, P. et Dupront, A., *La chrétienté et l'idée de croisade*, 2 vol., Paris, 1954–1959.
Blake, E. C., The Formation of the "Crusade Idea", *Journal of Ecclesiastical History*, vol., XXI, pp. 11–32.
Brundage, J. A., Recent Crusade Historiography: Some Observations and Suggestions, *The Catholic Historical Review*, vol., XLIX, 1964, pp. 493–507

Brundage, J. A., A Note on the Attestation of Crusaders' Vows, *The Catholic Historical Review*, vol., LII, 1966, pp. 234–9.

Brundage, J. A., The Army of the First Crusade and the Crusade Vow: Some Reflection of a Recent Book, *Medieval Studies*, vol., 33, 1971, pp. 334–43.

Brundage, J. A., The Crusader's Wife; A Canonistic Quandary, *Studia Gratiana*, vol., 12, 1967, pp. 425–41.

Brundage, J. A., A Transformed Angel (X 3. 31, 18): The Problem of the Crusading Monk, *Medieval Cisterian History* (*Cistercian Studies Series*, 13), 1971, pp. 55–62.

Brundage, J. A., An Errant Crusader: Stephen of Blois, *Traditio*, 16, 1960, pp. 380–95.

Brundage, J. A., St. Anselm, Ivo of Chartres and the Ideology of the First Crusade, *Les mutations socio-culturelles au tournant des XIe-XIIe siècles*,Paris, 1984, pp. 175–87.

Cahen, C., *La Syrie du nord à l'époque des croisades, Paris*, 1940.

Cahen, C., L'évolution sociale du monde musulman jusuqu'au XIIe siècle face à celle du monde chrétien, *Cahiers de civilization médiévale*, I, 1958, p. 451–63; II, 1959, pp. 37–51.

Cardini, F., La société italienne et les croisades, *Cahiers de civilization médiévale*, tome 38, 1985, pp. 19–33.

Chazan, R., Emperor Frederick I, the Third Crusade and the Jews, *Viator*, 8, 1977, pp. 83–93

Chédeville, A., *Chartres et ses campagnes. XIe-XIIIe siècles*, Paris, 1973.

Cowdrey, H. E. J., Pope Urban's Preaching of the First Crusade, *History*, vol., 55, 1970, pp. 177–88.

Daly, W. M., Christian Fraternity, the Crusaders, and the Security of Constantinople, 1097–1204; The Precarius Survival of an Ideal, *Medieval Studies*, 22, 1960, pp. 43–91.

Duby, G., *L'économie rurale et la vie des campagnes dans l'Occident médiéval*, Paris, 1962.

Duby, G., Le budget de l'abbaye de Cluny entre 1080 et 1155. Economie domaniale et économie monétaire, *Annales: Economies, Sociétés, Civilisation*, 1952, pp. 155–71.

Edbury, P. W., Feudal Obligations in the Lain East, *Byzantion*, 47, 1977, pp. 328–56.

Erdmann, C., *Die Entstehung des Kreuzzügesgedankens*, Stuttgart, 1935.

Fliche, A., Urbain II et la croisade, *Revue d'histoire de l'Eglise de France*, tome XIII, 1927, pp. 289–306.
Fossier, R., *La terre et les homes en Picardie jusqu'à la fin du XIII*ᵉ *siècle*, 2 vol., Paris/Louvain, 1968.
Gabrieli, Fr., *Storici Arabi delle Crosiate*, Torino, 1957
Grousset, R., *Histoire des croisades et du royaume franc de Jérusalem*, 3 vol., Paris, 1934–1936.
Jonin, P., Le climat de croisade des chansons de geste, *Cahiers de civilization médiéval*, 7, 1964, pp. 279–88.
Kedar, B. Z., A Passenger List of a Crusader Ship: Towards the History of the Popular Element on the Seventh Crusade, *Studi medievali*, 3rd ser. XIII, 1972, pp. 267–80.
Kedar, B. Z., The General Tax of 1183 in the Crusading Kingdom of Jerusalem, *English Historical Review*, tome 89, 1974, pp. 339–45.
La Monte, J. L., Some Problems in Crusading Historiography, *Speculum*, vol. 15, 1940, pp. 57–75.
Le Goff, J., *La civilization de l'Occident médiéval*, Paris, 1977.
Maalouf, A., *Les croisades vues par les Arabes*, Paris, 1983（『アラブが見た十字軍』牟田口義郎・新川雅子訳、リブロポート、一九八六年）
Mayer, H. E., *Bibliographie zur Geschichte der Kreuzzüge*, Hannover, 1960.
Mayer, H. E., *Geschichte der Kreuzzüge*, Stuttgart, 1965.
Mayer, H. E., On the Beginning of the Communal Mouvement in the Holy Land, *Tradition*, 24, 1968, pp. 443–57.
Mayer, H. E., Latins, Muslims and Greeks in the Latin Kingdom of Jerusalem, *History*, 1978, pp. 175–92.
Mollat, M., Le "passage" de saint Louis à Tunis. Sa place dans l'histoire des croisades, *Revue d'histoire économique et sociale*, 50, 1972, pp. 289–303.
Morrisson, C., *Les croisades*, Paris, 1969.
Munro, D. C., The Speech of Pope Urban II at Clermont, 1095, *American Historical Review*, vol. XI, 1905, pp. 231–42.
Powell, J. M., *Anatomy of a Crusade*, 1213–1221, Philadelphia, 1986.
Prawer, J., Estates, Communities and the Constitution of the Latin Kingdom, *Proceedings of the Israel Academy of Sciences and Humanities*, 1966, pp. 1–27.

Prawer, J., *Histoire du royaume latin de Jérusalem*, 2 vol., Paris, 1969–1970

Purcell, M., Changing Views of the Crusade in the Thirteenth Century, *Jouranal of Religious History*, vol., II, 1972, pp. 3–20.

Purcel, M., *Papal Crusading Policy. The Chief Instruments of Papal Crusading Policy and Crusade to the Holy Land from the Final Loss of Jerusalem to the Fall of Acre*, 1244–1291, Leyden, 1975.

Queller, E. E., L'évolution du rôle de l'ambassadeur; les pleins pouvoirs et le traité de 1201 entre les croisés et les vénitiens, *Le Moyen Age*, 67, 1961, pp. 479–501.

Riley-Smith, J., The Assise sur la ligec and the Commune of Acre, *Tradition*, XXVII, 1971, pp. 179–204.

Riley-Smith, J., *What were the Crusades?*, London, 1977.

Rudt de Collenberg, W. H., Les《Raynouard》, seigneurs de Nephin et de Maraclé en Terre sainte et leur parenté en Languedoc, *Cahiers de civilization médiévale*, VII, 1964, pp. 289–311.

Runcimann, S., *A Histoire of the Crusades*, 3 vol., Cambridge, 1951–1954.

Setton, K. et al., *A History of the Crusades*, 6 vol., Wisconsin, 1969–1989.

Siberry, E., *Criticism of Crusading*, 1095–1274, Oxford, 1985.

Smail, R. C., Latin Syria and the West, 1149–1187, *Transactions of the Royal Historical Society of London*, vol., 19, 1969, pp. 1–21.

Throop, P., *Criticism of the Crusades. A Study of Public Opinion and Crusade Propagande*, Amsterdam, 1940.

宮松浩憲「もう一つの十字軍研究——ポワトゥの文書史料による社会・経済史的考察」（『九共経済論集』八、一九八三、『九州共立大学紀要』一八の一、一九八三年）

訳者あとがき

著者のジャン・リシャール Jean Richard は前世紀後半からドイツのH・E・マイヤー、アメリカのJ・A・ブランデイジ、イギリスのJ・ライリー・スミスと並んで国際的に高い評価を維持してきた十字軍研究者である。後述するように十字軍関係の書物は一二冊を数え、その多くが外国語にも翻訳されている。しかし、残念ながら我が国では彼の名はあまり知られておらず、したがって、彼の作品は一冊も邦訳されていない。原著はポケット版で約二百ページからなる小著であるが、著者の視点は明快で、十字軍士を苦行者とみなし、十字軍をキリスト教会全体の制度として捉え、十字軍は時代を越えたテーマとしてありつづけると明言する。

彼のこのようなオーソドックスな視点に対して、本書の内容と構成は刷数を増やし版を重ねただけあって、非常に丁寧に仕上げられている。十字軍研究につきものの事件史を必要最小限にとどめ、十字軍の精神を構成した諸要素を一五項目にわたって明快に分析したあと、十字軍の出発から帰還までのいくつかの段階を十字軍を宣言したローマ教皇勅書、十字軍士の準備、家族や恋人との別れ、聖地での飢饉、疫病、戦闘、捕虜などの体験、帰国の決断などを伝える多彩な史料によって区切り、それらに理想的十字軍士論、誓願を忌避する者の考え、イスラーム教徒による十字軍観などを加えることによって、読者はさながら十字軍士をその全旅程にわたって追体験できるような筋書きになっている。こうして、本書は学生や一般読者を対象とした十字軍の概説書のなかでも特に異彩を放つ存在となっている。

とは言うものの、本書は初版から半世紀近くが経過しており、その間学界の潮流も変わっているであろうし、新しい発見や発掘によって学説の一部は書き換えられているに違いない。この欠陥を少しでも補うために、訳者は、僭越ではあるが、八七年に中近東文化センター主催のシンポジウム（シンポジウム「十字軍」（『中近東文化センター研究会報告』No. 9. 1988, pp. 42–54）で訳者自身がそれまでの十字軍研究を総括した報告を「解説に代えて」として再録することにした（前掲、二一九—二四〇頁。ただし、紙幅の都合から資料は割愛されている）。もちろん、これで十分とは思っていない。八七年から現在にいたるまでの新しい十字軍研究の総括が若手研究者によって引き継がれることを願ってやまない。

＊

簡単な経歴書によると、先生は一九二一年二月七日の生まれですので、今年で御年八三歳になられますが、ヴェネツィア、レバノンと多忙な毎日を送られているようです。先生はパリの国立文書学校につづいて高等研究学院で学ばれ、一九五三年にソルボンヌ大学に提出した論文『ブルゴーニュ公と公領の形成』によって博士号を取得。ローマ学院に所属したとき、オリエントにおけるカトリック伝道と司教座の起源についての論文を提出し、十字軍研究者として第一歩を踏み出す。職歴としては、コート・ドール県立文書館の古文書係補佐として出発し、一九五五年ディジョン大学のブルゴーニュ史講座の教授に就任し、一九六八年から三年間文学部長の職につく。一九七〇年に碑銘文学アカデミーの通信会員となり、一九八七年にはこのアカデミーの会員に選出される。ルネ・グルッセとポル・ペリオの指導のもとで行われたキリスト教支配下のオリエントに関する研究によって、レバノンとキプロスでの調査研究を積み重ね、そのため、インディアナ大学のアルタイ研究所より金メダルを授与される。そしてごく最近では、このような先生の長年の十字軍研究の功績を称えて、世界の十字軍研究者たちによる浩瀚な献呈論文集（*Dei gesta per Francos: études sur les croisades dédiées à Jean Richard: crusade in honour of Jean Richard*, ed. par M. Balard et al., Aldershot/Ashgate, 2003）が出版されている。また、先生は古文書学の大家で、訳者がマビヨン著『ヨーロッパ中世古文書学』（第三六回日本翻訳出版文化賞、第三回ゲスナー賞受賞）を翻訳する際、その古書体の解読を快く手伝って下さった。

先生の十字軍に関する主要なご著書は、次のように一二冊を数える。

1. *Le comte de Tripoli sous la dynastie toulousaine*（*1102–1187*）, Paris, 1945
2. *Le royaume latin de Jérusalem*, Paris, 1953.
3. *L'esprit de la croisade, Paris*, 1957.
4. *Simon de Saint-Quentin, Histoire des Tartares*, Paris, 1965
5. *La papauté et les missions d'Orient au Moyen Age*, Roma, 1977.
6. *Les récits de voyage et de pèlerinage*, Turnhout, 1981.
7. *Saint Louis, roi d'une France féodale, soutien de la Terre Sainte*, Paris, 1983.
8. *Histoire des croisades*, Paris, 1996.
9. *Orient et Occident au Moyen Age. Contacts et relations*, London, 1978.
10. *Les relations entre Orient et Occident au Moyen Age*, London, 1977.
11. *Croisés, missionnaires et voyageurs: les perspectives orientales du monde latin médiéval*, London,

1983.

12. *Croisades et Etats latins d'Orient. Points de vue et documents*, Aldershot, 1992.

これらの年代順に並べた著書に簡単な解説を付すと、次のようになる（ただし（9）～（12）は論文集で九一編の論文が収められている）。

（1）『トゥールーズ家系のトリポリ伯領（一一〇二—一一八七年）』一九四五年（再版　二〇〇一年）

この研究は十字軍士によって建設された国家のなかで最も知られていないトリポリ伯領を、南フランス出身のトゥールーズ伯家への帰属とその起源と結びついた特殊性の視点から考察したものである。西ヨーロッパでの人員調達の狭隘さからくる不利のため、この伯領はレバノンの外に勢力を広げることができず、イスラーム教徒の攻撃にも力強く抵抗することができなかった。そのため、境界に有名なクラック・デ・シュヴァリエ（「騎士たちの鎧が擦れ合う音」の意）の砦を築いていた修道騎士団に早くから支援を求めなければならなかったと結論する。

（2）『エルサレム王国』一九五三年（英語版一九七九年）

本書は第一回十字軍から生まれたエルサレム王国の歴史を、サラディンの征服をはさんだ二百年間にわたって概観したものである。この王国は何千もの西ヨーロッパ人を聖地に向かわせた、そして十字軍の贖宥を生み出していた巡礼と密接に関係していたようにみえる。そのことによって、この王国はその歴史を通じて西ヨーロッパから援助を受けつづけたのであるが、一三世紀までは決してぐらつくことのなかった堅固さを多民族社会に適合したその封建的構造に負っていた。そして、この王国の消滅の原因をモンゴル族との協力関係の見通しの甘さに求めた。

（3）『十字軍の精神』一九五七年　本訳書

（4）『シモン・ド・サン・カンタンのモンゴル史』一九六五年

一二四五年にローマ教皇インノケンティウス四世によってモンゴル族のもとへ派遣された使節団の一つが旅行記を残している。それがドミニコ会士、シモン・ド・サン・カンタンの手になるこの『モンゴル史』である。作者はモンゴル族とのあまり友好的ではなかった接触に関する証言のほかに、モンゴル族の習慣、彼らによる近東諸国の征服、そして特に、セルジューク・トルコについての情報を提供してくれている。この史料はヴァンサン・ド・ボヴェの『百科全書』のなかに挿入された抜粋の形でしか伝来していないのであるが、ここでは見事に一冊の本のように復元されている。

（5）『中世におけるローマ教皇庁とオリエント伝道』一九七七年（再版一九八八年）

福音伝道は、托鉢修道会の登場によって、キリスト教の説教とローマへの統合を視野に入れた東方教会との接触に十分適応した人材を得ることができるようになった。それはちょうどモンゴル帝国の成立によって、キリスト教のアジア全域への浸透が可能になったときでもあった。アヴィニョンに本拠を移していた諸教皇はこれらの伝道団に将来の発展を保証する司教職位を付与したのであるが、アジアでの想像を越えた変化によってこれらの伝道団が全面的な消滅へと追い込まれていく過程が見事に描き出されている。

（6）『旅行と巡礼の物語』一九八一年（イタリア語版二〇〇二年）

『西欧中世の史料類型』の叢書のなかで、本書は巡礼者と旅行者の物語、そこで作者が意図した目的の解明に充てられ、出発しようとする人の手引書として、人々を旅へと駆りたて、地方や人々について記述して、読者の好奇心に応えようとしたことが明らかにされている。さらに、この書は作者による先行作品の利用、それらの作品がもつ信頼性も問うている。その結果、この種の作品は実に多種多彩で、そのなかには地理的な知識を見せびらかすための空想旅行も登場することが明らかとなった。

(7)『聖ルイ。封建期フランスの王にして聖地の擁護者』一九八三年(英語版一九九二年)

これはフランス王、聖ルイの伝記である。彼の治世は王国の封建的構造が変化し、新しい統治形式が発達した時代に位置していて、研究の深化が強く求められている。同王は王国の統治に加えて、聖地防衛を義務と感じていて、二度も十字軍を率いて行くことになる。一度目(一二五〇年)は捕虜を経験しただけであったが、二度目(一二七〇年)は故国の土を踏むことができなかった。彼が自分に課した使命からは、聖者としての厳しい倫理観、正義感、法順精神の三つを読みとることができると結ぶ。

(8)『十字軍の歴史』一九九六年(英語版一九九七年、イタリア語版 近刊)

著者は三百年間にわたって聖地の解放・維持・再奪取のためにキリスト教西ヨーロッパから送り出された十字軍の全体史を描ききろうとした。それぞれの遠征を下地に、十字軍士によって建設された諸国家の歴史が積み重ねられている。これらの諸国家では西ヨーロッパ人と東方の諸民族が共存し、それぞれの教会が建ち並び、イスラーム世界とモンゴル族によって征服されたアジアが経験していた激動をまえにして、東方と西欧を緊密に結びつけていた経済諸関係の担い手たちが結集していたことが活写されている。

(9)『中世における東方と西欧 接触と関係』一九七六年

(10)『中世における東方と西欧の関係』一九七七年
(11)『十字軍士、伝道者、旅行者　中世ラテン世界からみた東方』一九八三年
(12)『十字軍と東方のキリスト教諸国家。視点と史料』一九九二年

最後に、本書の翻訳にあたっては、紀要掲載時に、京都教育大学の八塚春児教授から貴重なご教示をいただいた。この場を借りてお礼を申し上げたい。また厳しい出版事情にもかかわらず、出版を快諾していただいた法政大学出版局の編集代表平川俊彦氏、ならびに同編集部の藤田信行氏に大変お世話になった。この場を借りて心からお礼を申し上げる次第である。

二〇〇四年二月二五日

宮松浩憲

索　引（人名・地名・事項）

《人　名》

ア　行

アデマール・ド・モントイユ　Adhémar de Monteil　ル＝ピュイ司教　20, 61
アモリ　Amaury　エルサレム王　66
アラン・ド・リル　Alain de Lille　教会法学者　23
アル・ハッキム　al-Hakim　ファーティマ朝のカリフ　27
アレクサンデル3世　Alexandre III　ローマ教皇　4, 7, 8, 18, 31, 66, 198
アンブロウズ　Ambroise　アングロ・サクソン作家　21, 40, 54
アンリ・ダルバーノ　Henri d'Albano　枢機卿　23, 27, 28, 30, 38, 39, 47
イヴ・ド・ブルトン　Yves le Breton　ドミニコ会士　50
イブン・アル・アティール　Ibn al-Athir　歴史家　42, 110
インノケンティウス3世　Innocent III　ローマ教皇　7, 10, 12, 15, 23, 32, 34, 37, 78, 79, 83, 198
インノケンティウス4世　Innocent IV　ローマ教皇　24
ウザーマ　Ousâma　ベイルートのエミール　25
ウード・ド・シャトルー　Eudes de Châteauroux　教皇特使　33
ウード・ド・ドイユ　Eudes de Deuil　歴史家　7, 22, 25, 102
ウルバヌス2世　Urbain II　ローマ教皇　5, 6, 9, 13, 15, 19, 20, 27, 29, 30, 32, 36, 44, 47, 50, 51, 53, 57, 60–2, 64, 69, 95, 97, 197
エウゲニウス3世　Eugène　III　ローマ教皇　6, 29, 32, 36, 38, 42, 62, 66, 69, 98, 105, 109, 197
エドワード1世　Édouard Ier　イングランド王　13, 199

カ　行

カリストゥス2世　Calixte II　ローマ教皇　6, 18
ギベール・ド・ノジャン　Guibert de Nogent　歴史家　60
ギヨーム9世　Guillaume IX　アキテーヌ公　32
ギヨーム・ド・ティル　Guillaume de Tyre　歴史家　20
ギヨーム・ド・トリポリ　Guillaume de Tripoli　教皇特使　24
グレゴリウス1世　Grégoire Ier　ローマ教皇　85
グレゴリウス7世　Grégoire VII　ローマ教皇　4, 5, 20, 197
グレゴリウス8世　Grégoire VIII　ローマ教皇　9, 34, 70, 71, 198
グレゴリウス9世　Grégoire IX　ローマ教皇　11, 16, 198

グレゴリウス10世　Grégoire X　ローマ教皇　12, 127, 199
クレメンス5世　Clément V　ローマ教皇　13
ケレスティヌス3世　Célestin III　ローマ教皇　9, 29, 72, 73
ゴドフロワ・ド・ブイヨン　Godefroy de Bouillon　低ロレーヌ公　22, 95
コノン・ド・ベチューヌ　Conon de Béthune　十字軍士　31, 36, 38, 119
コンラート3世　Conrad III　神聖ローマ皇帝　7, 39, 105

サ　行

サイフ・アル・ディン・アル・アディル　Saif al-Dîn al Adil　ダマスカス＝カイロのスルターン　79, 81
サラディン Saladin　8, 9, 18, 23, 25, 28, 29, 34, 40, 53, 110, 112, 119, 175
ジャック・ド・ヴィトリ　Jacques de Vitry　歴史家　21
ジャン　Jean　エルサレム王　80, 161
ジョワンヴィル　Joinville　十字軍士・伝記作家　21, 25, 32, 33, 35, 37, 39, 40–3, 46, 48, 50, 54, 155, 156, 165, 171, 178, 182, 184, 194
セルギウス4世　Sergius IV　ローマ教皇　27
ゼンギ　atabeg Zengî　モスールのアター・ベク　62, 100

ハ　行

ハインリヒ獅子公　Henri le Lion　ザクセン公　7
ハインリヒ6世　Henri VI　神聖ローマ皇帝　9, 72, 198
パウロ6世　Paul VI　ローマ教皇　27
パスカリス2世　Pascal II　ローマ教皇　16, 33
ピウス2世　Pius II　ローマ教皇　14
ピエール・ル・ヴェネラブル　Pierre le Vénérable　クリュニ修道院長　22
フィリップ・ド・ナントイユ　Philippe de Nanteuil　吟遊詩人　21
フーシェ・ド・シャルトル　Foucher de Chartres　歴史家　43, 57, 60
フランチェスコ（アッシジの）　François d'Assise　聖者　24
フリードリヒ1世（赤髭帝）　Frédéric Barbarousse　神聖ローマ皇帝　39, 112
フリードリヒ2世　Frederic II　神聖ローマ皇帝　10, 11, 16, 28, 174, 198
ペラギウス　Pélage　教皇特使　10, 35
ベルナール　Bernard　聖者　23, 31, 35, 39, 45, 47, 50, 51, 54, 98, 105, 109, 136, 137, 154, 197
ボドリ・ド・ブルグイユ　Baudry de Bourgueil　歴史家　60
ボニファティウス8世　Boniface VIII　ローマ教皇　13
ボニファティウス9世　Boniface IX　ローマ教皇　14

マ　行

マシュー・パリス　Mathieu Paris　歴史家　25
ミカエル・パレオロゴス　Michel Paléologue　ビザンツ皇帝　17, 127

ヤ　行

ヨハネス10世　Jean X　ローマ教皇　4
ヨハネス22　Jean XXII　ローマ教皇　13

ラ　行

ラウル・グラベル　Raoul Glaber　歴史家　26, 32
リチャード獅子心王　Richard Cœur-de-Lion　イングランド王　9, 25, 77, 112, 190, 198
リュトブフ　Rutebeuf　吟遊詩人　17, 36, 45, 46, 53, 127
ルイ7世　Louis VII　フランス王　7, 22, 62, 98–101, 104, 105
ルイ9世　Louis IX　フランス王（聖王）　11, 21, 22, 35, 49, 50, 127, 155, 156, 182, 184, 199
ルイ10世　Louis X　フランス王　155
レオ4世　Léon IV　ローマ教皇　4
レオ9世　Léon IX　ローマ教皇　16
レモン・ド・サン・ジル　Raymond de Saint-Gilles　トゥルーズ＝トリポリ伯　22
ロベール・ル・モワンヌ　Robert le Moine　歴史家　60

《地　名》

ア　行

アッコン（アッコ）　Acre　9, 11, 12, 17, 21, 25, 40, 86, 111, 115, 117, 118, 128, 178, 179, 181, 193, 198, 199
アレッポ　Alep　7, 8, 41
アンティオキア（アンタキア）　Antioche　6, 7, 9, 12, 21, 33, 41, 44, 51, 84, 99
　――公国　principauté d'Antioche　6, 18
イスラエル　Israël　75, 150, 161
イタリア　Italie　16, 63
イングランド　Angleterre　72, 77, 78, 113, 117, 118, 188, 190, 198
ヴェネツィア　Venise　14, 78, 79
エジプト　Egypte　8, 10, 11, 13, 23, 27, 35, 66, 101, 106-8, 112, 114, 118, 152, 197-9
エデッサ　Edesse　6, 7, 28, 29, 62, 63, 98, 100, 197
　――伯領　comté d'Edesse　6
エルサレム　Jérusalem　6-11, 13, 15, 18, 19, 23, 25, 26, 28-30, 33, 34, 44, 50, 60, 66, 71, 72, 74, 79, 81, 90, 96, 110-3, 115, 118, 119, 136, 145, 146, 150, 152, 153, 162, 186, 190, 191, 197-9
　――王国　royaume de Jérusalem　6, 9-11, 18, 29, 77, 81, 112, 136, 194
エルベ川　l'Elbe　15

カ　行

カイロ　Caire　10, 21, 34, 80, 198, 199
キプロス　Chypre　13, 14, 159, 178, 182, 199
クセリゴルドン　Xérigordon　40, 41
クレルモン　Clermont　53
コンスタンティノープル　Constantinople　10, 14, 16, 78, 127, 198
コンポステーラ　Compostella　16, 18

サ　行

ザラ（ザダル）　Zara　10, 78, 198
シチリア　Sicile　16, 87, 127, 164
シドン（サイダー）　Sidon　22, 115, 192-4
シリア　Syrie　4, 7, 8, 12, 27, 66, 112, 114, 119, 120, 197
スペイン　Espagne　3, 4, 6, 15, 18

タ・ナ行

ダマスカス　Damas　8, 28, 80, 81, 103, 105, 114, 115, 190, 198, 199
ダミエッタ（ディムヤート）　Damiette　24, 25, 35, 125, 126, 161, 165, 170, 198, 199
ティル（スール）　Tyr　8, 9, 68, 110
テュニス　Tunis　11, 127, 199
ドイツ　Allemagne　16, 117, 165, 167, 174, 198
トリポリ　Tripoli　9, 12, 113, 199
　――伯領　comté de Tripoli　6, 8
トルコ　Turquie　3, 7, 8, 12-5, 22, 164-6, 168
西ヨーロッパ　Europe　12, 14, 18, 20, 22, 25, 43-5, 54, 68, 71, 127, 136

ハ　行

ハッチン　Hattin　8, 71, 198
パリ　Paris　194, 195
パレスティナ　Palestine　11, 54
フランス　France　11, 63, 103, 127, 128, 131, 133, 179, 181, 182, 184, 192, 194

ペルシア　Perse　12, 58, 199

マ・ヤ・ラ行

マンジケール（マラーズギルド）
Mantzikert　5, 197
マンスーラ　la Mansourah　164, 175
モスール（ムスル）　Mossoul　7, 112
ヤッファ（ヤッフォ）　Jaffa　10, 118, 183, 190, 194, 198
レパント　Lépante　3, 14, 43
ローマ　Rome　62, 77, 89, 90, 111, 115, 117, 118, 130, 132

《事　項》

ア　行
アルビジュワ派　l'Albigeois　16, 78
異教徒　païens　21, 23, 24, 38, 59, 60, 62, 76, 85, 144, 159
イスラーム（教）　Islam　7, 8, 10, 11, 20, 22, 83, 176
——教徒　musulmans　4, 15, 19, 21–5, 27, 28, 40, 41, 44, 46, 54, 66, 85, 87, 110–3, 163, 198

カ　行
「神の平和」　paix de Dieu　19
歓待修道会　l'Hôptal　26, 48, 68, 80, 90, 136
「貴族の十字軍」　Croisade des barons　11, 199
ギリシア人　Grecs　6, 22, 25, 111
キリスト教（徒）　Chrétienté　3, 22–5, 27–31, 34, 37–9, 46, 48–54, 58, 60, 62–4, 66–8, 71, 72, 75, 76, 79, 82, 85, 87, 92, 93, 96, 99, 105, 106, 125–7, 136, 141, 144, 145, 153, 154, 165, 175, 198
吟遊詩人　troubadours, touvères　36, 53, 120, 127
クレルモン公会議　Concile de Clermont　5, 19, 57, 60, 197

サ　行
サラセン人　Sarrasins　24, 28, 46, 49, 67, 71, 74, 80, 85, 86, 92, 96, 101, 118, 120, 123, 127, 160, 165, 166, 170–8, 182
三位一体修道会　Ordre de la Trinité　21, 177
十字軍　Croisade　3–6, 9–21, 24–6, 31–3, 39, 43–7, 50, 52, 54, 57, 62, 73, 78, 79, 86–8, 93, 95, 101, 104, 105, 110, 112, 119, 124, 127, 136, 155, 198, 199
第１回——　la première　7, 20, 22–6, 33, 37, 95, 97
第２回——　la seconde　7, 15, 28, 35, 37, 53, 98, 105, 197, 198
第３回——　la troisième　9, 40, 42, 53, 54, 110, 112, 119, 198
第４回——　la quatrième　9, 10, 19, 78, 119, 198
第５回——　la cinquième　10, 12, 24, 35, 53, 87, 124, 198
第６回——　la sixième　198
第７回——　la septième　33, 42, 199
第８回——　la huitième 11, 199
子供——　Croisade des enfants　34, 79, 198
エーゲ海——　Croisade de l'Archipe　14
——忌避者　décroisé　50, 53, 127–9, 131–5, 194
——非難　critique de la croisade　3, 46
——誓願　vœu de croisade　5, 8, 39, 190, 195
——勅書　bulle de croisade　98
『——の歌』　Chanson de croisade　41, 101, 119
巡礼（者）　pèlerinage　5–7, 21, 27, 30–2, 50, 65, 80, 96, 121, 122, 136, 190, 193
神聖連合　saintes ligues　14
神殿騎士団　le Temple　10, 26, 45, 47, 48, 51, 80, 90, 136, 137, 180
受難修道会　Ordre de la Passion　48
「真の十字架」　la Vraie Croix　8, 28, 72,

195
スルターン　Sultan　8, 10, 11, 23, 25, 34, 78–81, 170, 171, 175, 177, 178, 190, 198, 199
正戦　guerre juste　4, 16
聖戦　guerre sainte　13, 54
聖墳墓　Sainte-Sépulcre　5, 7 –9, 17, 28, 30, 44, 67, 70, 129, 154, 198
聖地　Terre Sainte　6, 7, 9 –11, 13, 25, 29, 31, 45, 47, 50, 69, 80, 83, 84, 92, 93, 113, 157, 198, 199
世界公会議　Concile œcuménique　3, 93, 94
贖宥　indulgence　5, 6, 9, 14–6, 30, 31, 44, 50, 65, 66, 77, 87, 120

タ・ナ行

東方キリスト教徒　chrétiens d'Orient　5, 6, 31, 53, 71, 112, 113, 197
ドミニコ修道会　Ordre des Frères Precheurs　24, 50
トルコ人　Turcs　4–6, 14, 19, 24, 25, 27, 28, 58, 99, 122, 161, 197
ノルマン人　Normans　16

ハ・マ行

ビザンツ　Byzance　5, 12, 14, 16, 19, 20, 125, 126
——帝国　Empire byzantin　4, 6, 7, 10, 14, 19, 20, 78, 197
武勲詩　chanson　24, 38
フス派　Hussites　16
モンゴル　Mongols　12, 199

ヤ・ラ行

ユダヤ人　juifs　28, 91, 100, 105
ラテラノ公会議　Concile du Latran　12, 30, 53, 86, 198
ラテン人　latins　6–8, 11, 12, 14, 18, 20, 33, 44, 66, 83
ラテン帝国　Empire latin　16, 29, 66, 78, 119
リヨン公会議　Concile de Lyon　12, 43, 127, 199
ローマ教皇　pape　6, 7, 10, 16, 18, 19, 25, 34, 42, 45, 97, 116, 137
——庁　Siège apostolique　3, 5, 14, 19, 45, 90, 199
——特使　légat　10, 35, 51, 72, 73, 77, 181–3
『ロランの歌』　*Chanson de Roland*　24, 33, 37

りぶらりあ選書
十字軍の精神
発行　2004年6月10日　　初版第1刷

著者　ジャン・リシャール
訳者　宮松浩憲
発行所　財団法人　法政大学出版局
〒102-0073 東京都千代田区九段北3-2-7
電話03(5214)5540／振替00160-6-95814
製版，印刷／三和印刷
鈴木製本所

ISBN 4-588-02221-0
Printed in Japan

著者

ジャン・リシャール (Jean Richard)
1921年パリ郊外に生まれる．パリの国立文書学校と高等研究所で学び，53年にソルボンヌ大学に提出した論文『ブルゴーニュ公と公領の形成』で博士号を取得．ローマ学院で十字軍の研究を開始．55年ディジョン大学の教授に就任し，89年から碑文文学アカデミーの会員に選出されて現在に至る．十字軍関係の著書は最近の『十字軍の歴史』，『エルサレム王国』を含め12冊をこえ，その多くが他国語に翻訳されている．現在も国際的な重鎮として十字軍研究を指導するかたわら，フランス中世史と古文書学の権威としても広く活躍する．

訳者

宮松浩憲（みやまつ ひろのり）
1945年生まれる．九州大学大学院文学研究科博士課程（西洋史）満期退学．現在，久留米大学経済学部教授．著書：『西欧ブルジュワジーの源流』（九州大学出版会），『金持ちの誕生』（刀水書房），訳書：マビヨン『ヨーロッパ中世古文書学』（九州大学出版会）．

魔女と魔女裁判〈集団妄想の歴史〉	K.バッシュビッツ／川端, 坂井訳	¥3800
科学論〈その哲学的諸問題〉	カール・マルクス大学哲学研究集団／岩崎允胤訳	¥2500
先史時代の社会	クラーク, ピゴット／田辺, 梅原訳	¥1500
人類の起原	レシェトフ／金光不二夫訳	¥3000
非政治的人間の政治論	H.リード／増野, 山内訳	¥ 850
マルクス主義と民主主義の伝統	A.ランディー／藤野渉訳	¥1200
労働の歴史〈棍棒からオートメーションへ〉	J.クチンスキー, 良知, 小川共著	¥1900
ヒュマニズムと芸術の哲学	T.E.ヒューム／長谷川鉱平訳	¥2200
人類社会の形成（上・下）	セミョーノフ／中島, 中村, 井上訳	上 品 切 下 ¥2800
倫理学	G.E.ムーア／深谷昭三訳	¥2200
国家・経済・文学〈マルクス主義の原理と新しい論点〉	J.クチンスキー／宇佐美誠次郎訳	¥ 850
ホワイトヘッド教育論	久保田信之訳	¥1800
現代世界と精神〈ヴァレリィの文明批評〉	P.ルーラン／江口幹訳	¥980
葛藤としての病〈精神身体医学的考察〉	A.ミッチャーリヒ／中野, 白滝訳	¥1500
心身症〈葛藤としての病 2〉	A.ミッチャーリヒ／中野, 大西, 奥村訳	¥1500
資本論成立史（全4分冊）	R.ロスドルスキー／時永, 平林, 安田他訳	(1)¥1200 (2)¥1200 (3)¥1200 (4)¥1400
アメリカ神話への挑戦（I・II）	T.クリストフェル他編／宇野, 玉野井他訳	I ¥1600 II ¥1800
ユダヤ人と資本主義	A.レオン／波田節夫訳	¥2800
スペイン精神史序説	M.ピダル／佐々木孝訳	¥2200
マルクスの生涯と思想	J.ルイス／玉井, 堀場, 松井訳	¥2000
美学入門	E.スリヨ／古田, 池部訳	¥1800
デーモン考	R.M.=シュテルンベルク／木戸三良訳	¥1800
政治的人間〈人間の政治学への序論〉	E.モラン／古田幸男訳	¥1200
戦争論〈われわれの内にひそむ女神ベローナ〉	R.カイヨワ／秋枝茂夫訳	¥3000
新しい芸術精神〈空間と光と時間の力学〉	N.シェフェール／渡辺淳訳	¥1200
カリフォルニア日記〈ひとつの文化革命〉	E.モラン／林瑞枝訳	¥2400
論理学の哲学	H.パットナム／米盛, 藤川訳	¥1300
労働運動の理論	S.パールマン／松井七郎訳	¥2400
哲学の中心問題	A.J.エイヤー／竹尾治一郎訳	¥3500
共産党宣言小史	H.J.ラスキ／山村喬訳	¥980
自己批評〈スターリニズムと知識人〉	E.モラン／宇波彰訳	¥2000
スター	E.モラン／渡辺, 山崎訳	¥1800
革命と哲学〈フランス革命とフィヒテの本源的哲学〉	M.ブール／藤野, 小栗, 福吉訳	¥1300
フランス革命の哲学	B.グレトゥイゼン／井上尭裕訳	¥2400
意志と偶然〈ドリエージュとの対話〉	P.ブーレーズ／店村新次訳	¥2500
現代哲学の主潮流（全5分冊）	W.シュテークミュラー／中埜, 竹尾監修	(1)¥4300 (2)¥4200 (3)¥6000 (4)¥3300 (5)¥7300
現代アラビア〈石油王国とその周辺〉	F.ハリデー／岩永, 菊地, 伏見訳	¥2800
マックス・ウェーバーの社会科学論	W.G.ランシマン／湯川新訳	¥1600
フロイトの美学〈芸術と精神分析〉	J.J.スペクター／秋山, 小山, 西川訳	¥2400
サラリーマン〈ワイマル共和国の黄昏〉	S.クラカウアー／神崎巌訳	¥1700
攻撃する人間	A.ミッチャーリヒ／竹内豊治訳	¥ 900
宗教と宗教批判	L.セーヴ他／大津, 石田訳	¥2500
キリスト教の悲惨	J.カール／高尾利数訳	¥1600
時代精神（I・II）	E.モラン／宇波彰訳	I 品 切 II ¥2500
囚人組合の出現	M.フィッツジェラルド／長谷川健三郎訳	¥2000

スミス，マルクスおよび現代	R.L.ミーク／時永淑訳	¥3500
愛と真実〈現象学的精神療法への道〉	P.ローマス／鈴木二郎訳	¥1600
弁証法的唯物論と医学	ゲ・ツァレゴロドツェフ／木下，仲本訳	¥3800
イラン〈独裁と経済発展〉	F.ハリデー／岩永，菊地，伏見訳	¥2800
競争と集中〈経済・環境・科学〉	T.プラーガー／島田稔夫訳	¥2500
抽象芸術と不条理文学	L.コフラー／石井扶桑雄訳	¥2400
プルードンの社会学	P.アンサール／斉藤悦則訳	¥2500
ウィトゲンシュタイン	A.ケニー／野本和幸訳	¥3200
ヘーゲルとプロイセン国家	R.ホッチェヴァール／寿福真美訳	¥2500
労働の社会心理	M.アージル／白水，奥山訳	¥1900
マルクスのマルクス主義	J.ルイス／玉井，渡辺，堀場訳	¥2900
人間の復権をもとめて	M.デュフレンヌ／山縣熙訳	¥2800
映画の言語	R.ホイッタカー／池田，横川訳	¥1600
食料獲得の技術誌	W.H.オズワルド／加藤，禿訳	¥2500
モーツァルトとフリーメーソン	K.トムソン／湯川，田口訳	¥3000
音楽と中産階級〈演奏会の社会史〉	W.ウェーバー／城戸朋子訳	¥3300
書物の哲学	P.クローデル／三嶋睦子訳	¥1600
ベルリンのヘーゲル	J.ドント／花田圭介監訳，杉山吉弘訳	¥2900
福祉国家への歩み	M.ブルース／秋田成就訳	¥4800
ロボット症人間	L.ヤブロンスキー／北川，樋口訳	¥1800
合理的思考のすすめ	P.T.ギーチ／西勝忠男訳	¥2000
カフカ=コロキウム	C.ダヴィッド編／円子修平，他訳	¥2500
図形と文化	D.ペドウ／磯田浩訳	¥2800
映画と現実	R.アーメス／瓜生忠夫，他訳／清水晶監修	¥3000
資本論と現代資本主義（I・II）	A.カトラー，他／岡崎，塩谷，時永訳	I 品切 II ¥3500
資本論体系成立史	W.シュヴァルツ／時永，大山訳	¥4500
ソ連の本質〈全体主義的複合体と新たな帝国〉	E.モラン／田中正人訳	¥2400
ブレヒトの思い出	ベンヤミン他／中村，神崎，越部，大島訳	¥2800
ジラールと悪の問題	ドゥギー，デュピュイ編／古田，秋枝，小池訳	¥3800
ジェノサイド〈20世紀におけるその現実〉	L.クーパー／高尾利数訳	¥2900
シングル・レンズ〈単式顕微鏡の歴史〉	B.J.フォード／伊藤智夫訳	¥2400
希望の心理学〈そのパラドキシカルアプローチ〉	P.ワツラウィック／長谷川啓三訳	¥1600
フロイト	R.ジャカール／福本修訳	¥1400
社会学思想の系譜	J.H.アブラハム／安江，小林，樋口訳	¥2000
生物学における ランダムウォーク	H.C.バーグ／寺本，佐藤訳	¥1600
フランス文学とスポーツ〈1870～1970〉	P.シャールトン／三好郁朗訳	¥2800
アイロニーの効用〈『資本論』の文学的構造〉	R.P.ウルフ／竹田茂夫訳	¥1600
社会の労働者階級の状態	J.バートン／真実一男訳	¥2000
資本論を理解する〈マルクスの経済理論〉	D.K.フォーリー／竹田，原訳	¥2800
買い物の社会史	M.ハリスン／工藤政司訳	¥2000
中世社会の構造	C.ブルック／松田隆美訳	¥1800
ジャズ〈熱い混血の音楽〉	W.サージェント／湯川新訳	¥2800
地球の誕生	D.E.フィッシャー／中島竜三訳	¥2900
トプカプ宮殿の光と影	N.M.ペンザー／岩永博訳	¥3800
テレビ視聴の構造〈多メディア時代の「受け手」像〉	P.バーワイズ他／田中，伊藤，小林訳	¥3300
夫婦関係の精神分析	J.ヴィリィ／中野，奥村訳	¥3300
夫婦関係の治療	J.ヴィリィ／奥村満佐子訳	¥4000
ラディカル・ユートピア〈価値をめぐる議論の思想と方法〉	A.ヘラー／小箕俊介訳	¥2400

十九世紀パリの売春	パラン=デュシャトレ／A.コルバン編 小杉隆芳訳	¥2500
変化の原理〈問題の形成と解決〉	P.ワツラウィック他／長谷川啓三訳	¥2200
デザイン論〈ミッシャ・ブラックの世界〉	A.ブレイク編／中山修一訳	¥2900
時間の文化史〈時間と空間の文化／上巻〉	S.カーン／浅野敏夫訳	¥2300
空間の文化史〈時間と空間の文化／下巻〉	S.カーン／浅野，久郷訳	¥3400
小独裁者たち〈両大戦間期の東欧における民主主義体制の崩壊〉	A.ポロンスキ／羽場久浘子監訳	¥2900
狼狽する資本主義	A.コッタ／斉藤日出治訳	¥1400
バベルの塔〈ドイツ民主共和国の思い出〉	H.マイヤー／宇京早苗訳	¥2700
音楽祭の社会史〈ザルツブルク・フェスティヴァル〉	S.ギャラップ／城戸朋子，小木曽俊夫訳	¥3800
時間　その性質	G.J.ウィットロウ／柳瀬睦男，熊倉功二訳	¥1900
差異の文化のために	L.イリガライ／浜名優美訳	¥1600
よいは悪い	P.ワツラウィック／佐藤愛監修，小岡礼子訳	¥1600
チャーチル	R.ペイン／佐藤亮一訳	¥2900
シュミットとシュトラウス	H.マイアー／栗原，滝口訳	¥2000
結社の時代〈19世紀アメリカの秘密儀礼〉	M.C.カーンズ／野﨑嘉信訳	¥3800
数奇なる奴隷の半生	F.ダグラス／岡田誠一訳	¥1900
チャーティストたちの肖像	G.D.H.コール／古賀，岡本，増島訳	¥5800
カンザス・シティ・ジャズ〈ビバップの由来〉	R.ラッセル／湯川新訳	¥4700
台所の文化史	M.ハリスン／小林祐子訳	¥2900
コペルニクスも変えなかったこと	H.ラボリ／川中子，並木訳	¥2000
祖父チャーチルと私〈若き冒険の日々〉	W.S.チャーチル／佐藤佐智子訳	¥3800
有閑階級の女性たち	B.G.スミス／井上，飯泉訳	¥3500
秘境アラビア探検史（上・下）	R.H.キールナン／岩永博訳	上¥2800 下¥2900
動物への配慮	J.ターナー／斎藤九一訳	¥2900
年齢意識の社会学	H.P.チュダコフ／工藤，藤田訳	¥3400
観光のまなざし	J.アーリ／加太宏邦訳	¥3200
同性愛の百年間〈ギリシア的愛について〉	D.M.ハルプリン／石塚浩司訳	¥3800
古代エジプトの遊びとスポーツ	W.デッカー／津山拓也訳	¥2700
エイジズム〈優遇と偏見・差別〉	E.B.パルモア／奥山，秋葉，片多，松村訳	¥3200
人生の意味〈価値の創造〉	I.シンガー／工藤政司訳	¥1700
愛の知恵	A.フィンケルクロート／磯本，中嶋訳	¥1800
魔女・産婆・看護婦	B.エーレンライク，他／長瀬久子訳	¥2200
子どもの描画心理学	G.V.トーマス，A.M.J.シルク／中川作一監訳	¥2400
中国との再会〈1954—1994年の経験〉	H.マイヤー／青木隆嘉訳	¥1500
初期のジャズ〈その根源と音楽的発展〉	G.シューラー／湯川新訳	¥5800
歴史を変えた病	F.F.カートライト／倉俣，小林訳	¥2900
オリエント漂泊〈ヘスター・スタノップの生涯〉	J.ハズリップ／田隅恒生訳	¥3800
明治日本とイギリス	O.チェックランド／杉山・玉置訳	¥4300
母の刻印〈イオカステーの子供たち〉	C.オリヴィエ／大谷尚文訳	¥2700
ホモセクシュアルとは	L.ベルサーニ／船倉正憲訳	¥2300
自己意識とイロニー	M.ヴァルザー／洲崎惠三訳	¥2800
アルコール中毒の歴史	J.-C.スールニア／本多文彦監訳	¥3800
音楽と病	J.オシエー／菅野弘久訳	¥3400
中世のカリスマたち	N.F.キャンター／藤田永祐訳	¥2900
幻想の起源	J.ラプランシュ，J.-B.ポンタリス／福本修訳	¥1300
人種差別	A.メンミ／菊地，白井訳	¥2300
ヴァイキング・サガ	R.プェルトナー／木村寿夫訳	¥3300
肉体の文化史〈体構造と宿命〉	S.カーン／喜多迅鷹・喜多元子訳	¥2900